世界博物馆全书

第①辑

武　湛　主编
陈东维　编著

華中科技大學出版社
http://press.hust.edu.cn
中国·武汉
有书至美
BOOK & BEAUTY

目录 | contents

卢浮宫博物馆

大都会艺术博物馆

大英博物馆

艾尔米塔什博物馆

普拉多博物馆

卢浮宫博物馆

The Louvre Museum

大英博物馆

大都会艺术博物馆

艾尔米塔什博物馆

普拉多博物馆

卢浮宫博物馆

The Louvre Museum

“只有艺术品才能证实，在时间的洪流里，人类当中确实发生过一些事。”

——法国人类学家克洛德·列维—斯特劳斯
（Claude Levi-Strauss）

图 1. 法国巴黎卢浮宫外观，可见黎塞留馆

位于巴黎市区的卢浮宫（图 1），不仅是一座曾经历了五十位法国国王和王后的、美轮美奂的皇家宫殿，也是一座曾用于对抗英格兰盟军的城堡和关押囚犯的监狱，更是一座汇集了无数奇珍异宝并令人心驰神往的世界级博物馆。在八百年的历史长河中，卢浮宫经历了风云变幻的时代洗礼，也以其丰富多变的历史表情，塑造了她在法国乃至世界博物馆之林的独特魅力。今天，当我们走进卢浮宫，就如同走进了一座群星闪耀的艺术宝库，在见证历史的同时也对人类智慧所创造的伟大文明无限感佩。

今天的卢浮宫博物馆拥有约六十二万件藏品，是世界上规模极为宏大的艺术宝库之一，也是世界上参观人数众多的博物馆之一，更是象征法国精神的文化地标（图 2）。在八个展览部的结构框架下，近三万五千件艺术品被有序地组织在约 60600 平方米的空间中同时展出，从《萨莫色雷斯的胜利女神》（图 3）到《蒙娜丽莎》，从《汉谟拉比法典》到《拿破仑一世皇帝的加冕礼》，独一无二的艺术和文物收藏吸引着全世界的目光，源源不断地接待着来自世界各地的游客。

在举世闻名的艺术珍品之外，卢浮宫曲折而复杂的历史也与巴黎、与法国甚至与世界的发展错综交织，这座艺术的殿堂不仅见证了法国权贵的足迹，也谱写了众多著名艺术家的精彩故事，而所有这些“财富”不仅使卢浮宫成为见证历史的文化样本，也使这座建筑本身就成为一件伟大的艺术杰作。

图 2. 黄昏时分的拿破仑庭院和贝聿铭金字塔

图 3. 位于德农馆的《萨莫色雷斯的胜利女神》，这件雕塑于 20 世纪 30 年代初首次在卢浮宫亮相

图 4. 卢浮堡东门双塔和吊桥桥墩的基座建造于 12 世纪末至 13 世纪初

图 5. 圣路易厅，大约建造于 1220—1230 年

一、朴素的城堡

在英格兰国王统治诺曼底的时代，卢浮宫是一座军事堡垒而非国王的居所，从诺曼底大公国出发的英盟军可以迅速地通过塞纳河袭击巴黎。为了抵御攻击，法国国王腓力二世（Philippe II Auguste）在 1190 年前后下令修建了这座被称为“卢浮堡”的防御性城堡。整座城堡几乎呈正方形，东西长 72 米，南北长 78 米，有护城河环绕，面积大致相当于今天卢浮宫最东端院落的四分之一。如今，中世纪城堡地基上的围墙和塔楼都已不复存在，而从卢浮宫地下室残存的城堡遗迹还依稀可见当年的建筑规模（图 4）。

1190 年的巴黎还只是一座人口不足七万的中世纪城市。新建的卢浮堡与民房毗邻，被不远处的农田和丛林包围。历史上的卢浮堡曾多次被用作监狱、兵工厂、保险库或住所，布汶战役（1214 年）的战俘就曾被监押在此，葡萄牙的费兰德（Ferrand de Portugal）也曾在这里被关押了十三年。这座中世纪的城堡是国王的众多居所之一，更是其显赫王权的典型象征（图 5）。

随着历史的演进，巴黎的城市规模逐渐扩大，卢浮堡的脚下也发展出一片街区，其作为防御堡垒的功能渐趋弱化。1337 年，英法百年战争（1337—1453 年）爆发，当时的巴黎市长艾蒂安·马塞尔（Étienne Marcel）出于安全考虑，用护城河和泥土为巴黎城建起一道新围墙，以便将卢浮堡周边的街区合拢起来。此后，市区中央的卢浮堡逐渐回归了其最初的设计功能：保卫国王、守护国王的财产和军队，同时以军事力量控制城市的暴乱。

二、国王的宫殿

14 世纪，国王查理五世（Charles V，1337—1380 年）觉得卢浮堡比位于塞纳河当中的城岛（西岱岛）王宫更适合居住，于是将居所搬至卢浮堡，但继任的国王又再度迁出卢浮堡。直至 1546 年，弗朗索瓦一世（François I，1494—1547 年）才再次将王宫回迁，成为居住在卢浮堡的第二位国王（图 6）。

1528 年，弗朗索瓦一世决定对卢浮堡进行重大改造和扩建，这项工程一直持续到他的次子亨利二世（Henri II，1519—1559 年）登基。弗朗索瓦一世首先命人拆除了老城堡原来的主塔，卢浮宫的中世纪城堡至此完成了它的历史使命。此后，这座曾为保护巴黎而建造的朴素城堡，从古老的军事要塞变成了拥有意大利豪华风格的皇家宫殿。继位伊始，这位热爱意大利文化的法国国王就想让意大利文艺复兴的艺术新风吹进法兰西，他甚至将达·芬奇接到自己的宫廷中，任由这位年迈的艺术大师随性地生活，从不向他提任何要求。而达·芬奇在弗

图 6. 让·克卢埃（Jean Clouet，约 1480—1540/1541 年）绘制的《法国国王弗朗索瓦一世肖像》（*Portrait of François I, King of France*），创作于约 1530 年，木板油画，尺寸为 96 厘米 × 74 厘米。弗朗索瓦一世于 1515 年成为法国国王，他是法国文艺复兴时期杰出的君主和慷慨的艺术赞助人之一

图 7. 朝向方形广场的正立面，由皮埃尔·勒柯于 1546—1553 年建造的西侧翼楼

朗索瓦一世的宫廷中从容地走完了人生的最后阶段，也将后来名震世界的《蒙娜丽莎》留在了法国。与此同时，国王还请来了罗素·菲伦蒂诺（Rosso Fiorentino）和普里马蒂斯（Primatice）等多位意大利艺术家，为巴黎地区和卢瓦尔河畔的王室城堡进行艺术创作。

1546 年，弗朗索瓦一世将改造卢浮宫的重任交给了建筑师皮埃尔·勒柯（Pierre Lescot），希望他可以按照文艺复兴的艺术风格对其进行改建。次年，弗朗索瓦一世辞世，亨利二世遵循父亲的遗愿，让勒柯继续留任卢浮宫总建筑师一职。在勒柯担任卢浮宫总建筑师期间，他完成了今日卢浮宫建筑群最东端的卡利庭院（Cour Carrée）等系列工程，并且赋予了这座古老的防御城堡以彼时最奢华的意大利宫殿的辉煌（图 7）。其中宏伟的仪式大厅"女像柱大厅"（Salle des Caryatides）更是文艺复兴时期卢浮宫最美丽的建筑见证，标志着文艺复兴这种新兴的艺术样式在巴黎的兴起。

女像柱大厅得名于厅内四根支撑着乐师演奏台的女子雕像立柱，这些立柱由法国雕刻家让·古戎（Jean Goujon）于 1550 年制作（图 8）。古戎是一位才华出众的艺术家，他从古典艺术中汲取灵感，借助文艺复兴艺术的表现手法，重新诠释了公元前 2 世纪古罗马皇帝奥古斯都论坛的建筑风格。女像柱大厅原来是王室用来举办庆典和享乐的舞厅，伴奏乐师们坐在女像柱大厅入口处高悬的演奏台上。今天的女像柱大厅中，陈列着古罗马时代复制的古希腊雕塑，大多表现希腊神话中的神祇和英雄。展厅中央是制作于公元 2 世纪的大理石雕像《狩猎女神狄安娜》（*Diane of Versailles*），这件作品曾长期收藏在凡尔赛宫的镜厅里，因此也被称为《凡尔赛的狄安娜》（图 9）。

图 8. 女像柱大厅，由皮埃尔·勒柯建造，带有乐师台，由让·古戎于 1550 年雕刻的四个女像柱支撑

图 9. 女像柱大厅，前景中是《凡尔赛的狄安娜》，右边是《美惠三女神》（*Three Kinds of Grace*）。希腊、伊特鲁里亚和罗马文物部

图 10. 卢浮宫和杜伊勒里宫花园的俯瞰图

图 11. 让—巴蒂斯特·于格（Jean-Baptiste Hugues，1849—1930 年）于 1907 年创作的《男人和他的苦难》（*L'Homme et sa Misère*），大理石，高 286 厘米。1923 年由国家收购，自 1923 年起放置于杜伊勒里宫花园

图 12. 威廉·德·库宁（Willem De Kooning，1904—1997 年）的《站立的人像》（*Standing Figure*），创作于 1969—1984 年，青铜雕塑，高 375 厘米，宽 640 厘米。杜伊勒里宫花园，德库宁基金会寄存物，2010 年

亨利二世去世后，他的遗孀、出生于佛罗伦萨的王太后凯瑟琳·德·美第奇（Catherine de' Medici）希望建造一座带花园的意大利文艺复兴风格的行宫，以寄思乡之情。她选定了卢浮宫西侧的一片空地，这里曾经是中世纪的一个制瓦厂，法语中“瓦厂”一词的音译是“杜伊勒里”，于是凯瑟琳的新行宫就以“杜伊勒里宫”（Palais des Tuileries）命名（图 10）。

作为法国王室重要的行宫之一，凯瑟琳之后的几乎每一位统治者都对杜伊勒里宫及其花园做过装修和改建。杜伊勒里宫及其花园也曾见证了历任法国君主和小王子们的成长——这里曾是路易十三（Louis XIII，1601—1643 年）幼年时逐鸭猎鸟的乐园，也是拿破仑一世的独子奔跑玩耍的天地。遗憾的是，作为王权象征的杜伊勒里宫在巴黎公社时期被骚动者们付之一炬，从此再未重建，唯有行宫花园幸存至今。

今天，这里已经成为对公众开放的巴黎市区公园，游客们可以欣赏到安东尼·柯塞·沃克、罗丹、威廉·德·库宁、艾蒂安·马丁、路易丝·布尔乔亚（Louise Bourgeois）等 17 世纪以来众多艺术大师们创作的雕塑和花瓶（图 11、图 12）。

波旁王朝复辟后，亨利四世（Henri IV，1553—1610 年）和路易十三修建了连接卢浮宫与杜伊勒里宫长达 460 米的水滨长廊，这也就是今天卢浮宫博物馆中最具代表性的空间——大画廊。大画廊的建设初衷是满足君主出行的需要，使这座规模宏大的建筑兼具皇家散步、观赏河景和举办大型聚会等多种功能（图 13、图 14 ）。孩提时代的路易十三常常在这个长廊中玩耍，成为国王之后，他继续推行由父王亨

图 13. 塞纳河一侧卢浮宫的正立面：从左至右分别为花神楼、大画廊和小画廊

利四世启动的改造工程。1641 年，路易十三把装饰大画廊的任务交给了当时最著名的古典主义画家尼古拉斯・普桑。

1661 年，27 岁的国王路易十四（Louis XIV，1638—1715 年）选定太阳作为自己的标志，并期望建造一个更加华美的长廊，这就是卢浮宫著名的阿波罗长廊的由来。建筑师路易・勒沃（Louis le Vau）深知国王的心意——让希腊神话中的光明与艺术之神阿波罗主宰整个空间。太阳王的首席画师夏尔・勒布伦（Charles Le Brun）在长廊穹顶绘制了一系列太阳神阿波罗驾驭马车在天空驰骋的作品，象征一天中的不同时刻；而环绕太阳四周的是象征小时、日、月、四季以及十二星座和各个大洲的事物和符号，由此构成了一幅五彩斑斓的宇宙全景图。这时的阿波罗长廊融合了绘画与雕塑、设计与建筑，彰显了太阳统治整个宇宙的雄浑气魄，也烘托出太阳王路易十四的无上荣耀（图 15—图 19）。

二十年后，路易十四厌弃了巴黎和卢浮宫，转而将全部精力投向凡尔赛宫，卢浮宫的扩建也随之终止。国王原本打算将卢浮宫拆除，但后来又改变了主意，让法兰西学院、纹章院、绘画和雕塑学院以及科学院搬入卢浮宫的空房，并允许绘画和雕塑学院的成员在大画廊的二层展出他们的作品。此外，还有一些学者和艺术家也被国王邀请居

图 14. 尼古拉斯·让·巴蒂斯特·拉格尼特（Nicolas Jean Baptiste Raguenet，1715—1793 年）的《从皇家桥看卢浮宫》（*La Seine vue du pont Royal*）局部。创作于 1754 年，布面油画，尺寸为 46 厘米 × 85 厘米，绘画部

图 15. 阿波罗厅是卢浮宫博物馆极具标志性也是极华丽的长廊之一。自 1663 年起，由建筑师路易 · 勒沃和画家夏尔 · 勒布伦装饰

住在卢浮宫大画廊的一层，由此形成了法兰西学院最初的格局。

1750 年，法王路易十五（Louis XV，1710—1774 年）正式提出拆除卢浮宫的计划。然而，放荡荒唐的“宠儿路易”却因为宫廷开支过大而缺乏足够的资金来雇用拆除卢浮宫的工人，这一财政困难客观上使卢浮宫免遭劫难。

三、民众的博物馆

1789 年 10 月 6 日，法国大革命浪潮下愤怒的巴黎民众涌向凡尔赛宫，将法王路易十六（Louis XVI，1754—1793 年）挟持至巴黎并软禁在杜伊勒里宫。1791 年 5 月，卢浮宫原有的皇家收藏被收归国有，国民制宪会议宣布卢浮宫将成为“一个汇集所有科学和艺术古迹的地方”。1792 年 10 月，在路易十六锒铛入狱两个月后（图 20），“保存国家记忆”委员会开始收集各地的收藏品并进行公开展示，法国内政部部长罗兰在写给雅克—路易·大卫的信中这样描述卢浮宫的愿景：“这座博物馆应当囊括整个国家素描、绘画、雕塑和其他艺术文物中的珍品，成为艺术发展的见证。我想这里不仅应当吸引外国人，抓住他们的心，还应为提高公众艺术鉴赏力、培养艺术兴趣以及建设艺术院校做出贡献；这里应向所有人开放，每个人都有权利将他们的画架摆在博物馆内的画或雕塑前，按照自己的意愿素描、绘画或制作模型。这座建筑将为国家所有，决不允许个人独享。希腊就是凭借这样的博物馆在众多国家中脱颖而出。高雅的品位能够通过各种方式影响一个国家的创造性。法国应当时刻向所有民众展示自己的荣耀。国家博物馆将成为最博学的地方并享誉世界……”

1793 年 8 月 10 日，古老君主制下的卢浮宫终于以另一种面貌与公众见面，并被正式命名为“中央艺术博物馆”。博物馆向所有公众开放，并提供每周三天的免费参观。当时的卢浮宫博物馆展出了五百三十七幅画作和一百八十四件其他类型的艺术品，其中的四分之三来自王室收藏，另外四分之一则是从教堂、贵族和地方政府等处收缴而来。为了扩大和组织收藏，共和国每年投入约 100000 里弗（livre）维持博物馆的运营，并自 1794 年开始从北欧和欧洲各地不断搜求新的藏品。此外，共和国在大革命期间

图 16. 阿波罗厅的天花板，《春天》（*Le Printemps*）或《西菲拉和花神为众神之母库柏勒戴上花冠》（*Zéphyr et Flore Couronnant Cybèle de Fleurs*），创作于 1780 年，尺寸为 270 厘米 ×360 厘米，由安东尼—弗朗索瓦 · 卡勒特（*Antoine-François Callet*，1741—1823 年）完成；《缪斯女神忒耳普西科瑞和波林尼亚》（*Terpsichore et Polymnie*），创作于 1663—1665 年，雕塑，由巴尔塔扎尔 · 马尔西（Balthazar Marsy，1628—1674 年）完成

图 18. 阿波罗厅的天花板中央，从高到低分别为：夏尔—路易斯 · 穆勒（Charles-Louis Muller）的《晨曦》（*L'Aurore*，创作于 1869 年），安托万 · 勒努（Antoine Renou）的《晨星》（*L'Étoile du Matin*，创作于 1781 年），欧仁 · 德拉克洛瓦（Eugène Delacroix）的《阿波罗屠杀巨蟒皮同》（*Apoilon Vainqueur du Serpent Python*，创作于 1851 年）

图 17. 阿波罗厅，西面墙壁细木雕刻和《路易十四肖像》（*Portrait de Louis XIV*），创作于 1863 年。由戈布兰（Gobelins）皇家工厂出产，根据欧仁 · 阿佩尔（Eugène Appert，1814—1867 年）的设计制作

还与教宗签署了《托伦蒂诺条约》（*Vertrag von Tolentino*，1797 年），为博物馆借来了《拉奥孔群像》、《观景殿的阿波罗》等原属梵蒂冈的藏品。

此时的博物馆开始抛弃精英的文化姿态而逐渐走向公众，不断推动着知识的公共化和民主的社会化，法国大革命通过卢浮宫博物馆给公众带来了莫大的精神财富，也让曾经蒙昧的民众感受到艺术与理性的光辉（图 21）。

图 19. 阿波罗厅的天花板，《冬季或席卷雪山的狂风》（*L'Hiver ou Éole déchaînant les vents qui couvrent les montagnes de neige*），创作于 1775 年，布面油画，由让—雅克 · 拉格勒内（Jean-Jacques Lagrenée，1739—1821 年）完成。《缪斯女神埃拉托和乌拉尼亚》（*Erato et Uranie*），创作于 1663—1665 年，雕塑，由加斯帕尔 · 马尔西（Gaspard Marsy，1625—1681 年）完成

VIR-
GO.
GEMI-
NI.

图 20. 雅克·贝尔托（Jacques Bertaux，约 1745—1818 年）绘制的《1792 年 8 月 10 日攻克杜伊勒里宫和卡鲁塞尔宫》（*Autre titre : La Prise du palais des Tuileries, cour du Carrousel, 10 août 1792*）局部，创作于 1793 年，布面油画，尺寸为 124 厘米 × 192 厘米

图 21. 伊西多尔·斯坦尼斯拉斯·赫尔曼（Isidore Stanislas Helman，1743—1809 年）的《在国家花园中举行的纪念 8 月 10 日牺牲者的盛大葬礼（1793 年 8 月 10 日）》（*Pompe funèbre en l'honneur des Martyrs de la Journée du 10, dans le jardin national, le 26 août 1792*），创作于 1794—1795 年，彩色蚀刻版画。可以从作品中看出矗立在杜伊勒里宫前、圆形水池中间的金字塔。法国国家图书馆、版画和摄影作品部、德万克基金会（Fonds de Vinck）

四、拿破仑的荣耀

在 19 世纪的大部分时间里，从拿破仑时代到第二帝国时期，卢浮宫和法国的其他国家博物馆都是被作为君主的私人财产管理的，因此卢浮宫的变化也在很大程度上取决于统治者的个人意志。尽管卢浮宫最具标志性的收藏仍然是大画廊中的作品，但在这座巨大的建筑中，埃及馆、叙利馆、墨西哥馆等一批新的展览空间也渐次涌现出来。这些新空间的名字看上去都像是一座独立的博物馆，它们使卢浮宫的展览呈现渐趋多元。

拿破仑掌权之初便舍弃凡尔赛宫，而将杜伊勒里宫作为第一执政官邸。凡尔赛宫被取代，是因为此时的波旁王朝已经与穷奢极欲、横征暴敛的负面形象联系在一起，而新任的首领需要保持更加亲民的姿态。凡尔赛宫被取代的另一个现实原因是，在经历了大革命的劫掠和破坏后，想要恢复凡尔赛宫往昔的辉煌，是当时的法国政府无力承担的。但是，尽管财政方面捉襟见肘，这位神圣罗马帝国的皇帝依然坚持对杜伊勒里宫以及卢浮宫进行了相当程度的扩建——他下令建造了面向里沃利林荫路的北翼建筑，并在围合而成的巨大广场中修建了卡鲁索凯旋门（Carrousel）作为杜伊勒里宫的正门。为了更好地装饰这座凯旋门，拿破仑甚至在 1806 年将原本安放于德国柏林勃兰登堡门顶端的青铜驷马战车运回法国，并计划将其安放于卡鲁索凯旋门之上（图 22）。

事实上，拿破仑对卢浮宫的改造从 1802 年就已经开始，在这一年的 11 月，多米尼克·维万特·德农（Dominique Vivant Denon）被任命

为卢浮宫博物馆的第一任馆长，他是一位学者和博物学家，曾跟随拿破仑参与了埃及战役。在德农的建议下，1803 年 7 月，卢浮宫博物馆正式更名为“拿破仑博物馆”。

1804 年 11 月，拿破仑加冕称帝，并将法兰西共和国改为法兰西帝国。在巴黎圣母院举行的加冕仪式上，拿破仑从教皇庇护七世（Pope Pius VII）的手中接过皇冠，亲自戴在了自己和妻子约瑟芬的头上。这一行为寓意着“通过自我奋斗而获得皇位”，并向世人宣告他从此成为“法国人的皇帝”。现藏于卢浮宫德农馆一层的《拿破仑一世皇帝的加冕礼》，在拿破仑的御用画家、新古典主义大师雅克—路易·大卫的笔下凝结为那段历史最真实与最生动的瞬间（图 23）。

六年后，为了拥有继承人的拿破仑开始了他的第二段婚姻，他与奥地利女大公玛丽—路易莎（Marie-Louise d'Autriche）在卢浮宫举行了宗教婚礼，也通过这场政治婚姻成了法国国王路易十六的侄孙女婿。帝国的卫队骑兵引领着拿破仑与玛丽—路易莎的加冕马车前往巴黎，她们先抵达杜伊勒里宫的长廊，再从杜伊勒里宫走到卢浮宫的方形沙龙（Salon Carré），在那里完成了婚礼仪式。头戴羽毛的达官显贵沿墙站成队列，墙上挂着所有来自拿破仑博物馆的油画。此时的博物馆具有一种帝王仪式的庄严氛围，混杂着对军事征服的颂扬和惠泽于民的思想，甚至带有人道主义的精神。

拿破仑博物馆的收藏随着法兰西帝国皇帝对欧洲的不断征服而持续增加，他不断地从西班牙、奥地利、荷兰和意大利收购艺术品，并通过战争获取收藏。在第一次意大利战役结束的 1797 年，拿破仑与奥地利代表路德维希·冯·科本茨伯爵（Count Ludwig von Cobenzl）签订了《坎波福尔米奥条约》（*Treaty of Campo Formio*），这不仅标志着拿破仑对意大利的征服，也迫使意大利的各个城市为拿破仑献上自己的艺术品和各类文化遗产，从而使卢浮宫的艺术收藏日渐丰厚。

在拿破仑不可一世的十二年中，数以千计的艺术品从被征服的国家源源不断地运往巴黎，在不断丰富博物馆藏品的同时也炫耀着帝国

图 22. 卡鲁索凯旋门，它是为庆祝拿破仑·波拿巴 1805 年的一系列战争胜利而建造的，其正面就是卢浮宫博物馆

图 23. 雅克—路易·大卫（Jacques Louis David，1748—1825 年），《拿破仑一世皇帝的加冕礼》，局部，创作于 1806—1807 年，布面油画，尺寸为 621 厘米 ×979 厘米。拿破仑一世向新古典主义绘画大师雅克—路易·大卫定制了这幅巨大的油画。绘画部

皇帝的辉煌战绩。直到滑铁卢战役失败后，这些被拿破仑掠夺的艺术珍品才被陆续归还原主，但仍有部分作品由于各种原因而成为卢浮宫永久的财富。

五、重大的变革

从波旁王朝到第二帝国的约五十余年间，伴随着政治体制的交迭更替，卢浮宫先后扮演了世袭王朝、帝国宫殿、博物馆等不同角色，也经历了建筑和收藏方面的重大变革。

在波旁王朝复辟（1815—1830 年）期间，路易十八（Louis XVIII）和查理十世（Charles X）也加入了为卢浮宫收藏扩容的行列。1822 年，法国历史学家让—弗朗索瓦·商博良（Jean-François Champollion）破译了古埃及的象形文字，由此打开了研究古埃及历史文化的大门，埃及学也由此诞生。1827 年，对埃及学抱有浓厚兴趣的查理十世将卢浮宫二楼的九个大厅（即现在沿塞纳河一侧的叙利馆）命名为查理十世博物馆（埃及古物馆）（图 24），并任命商博良为这个新博物馆的馆长。

建筑师夏尔·拜西埃（Charles Percier）和皮埃尔·方丹（Pierre Fontaine）被邀请设计查理十世博物馆的装饰。整个展馆的空间设计十分和谐，厅与厅之间由凯旋门般高大宽敞的门洞连接，灰泥装潢模仿粉红色或白色大理石，建筑结构线则用华美的鎏金勾画。博物馆天花板的装饰由安东尼—让·格罗、霍勒斯·韦尔内（Horace Vernet）（图 25）和让·奥古斯特·多米尼克·安格尔等当时最伟大的画家们共同完成。他们采用了古典主义的艺术风格，并同时从中世纪和文艺复兴

的艺术中汲取灵感，创作了取材于古埃及、古希腊、古罗马历史的众多杰作。《学识与天赋将古埃及揭示给希腊》和《约瑟夫拯救埃及》便是两件寓意性的作品（图 26、图 27）。

此后，昙花一现的第二共和国（1848—1852 年）似乎对卢浮宫抱有更大的野心。这期间启动了大量的维修工作，完成了对阿波罗长廊和七壁炉厅（Salle des Sept-Cheminées）的修护，并对方形沙龙和大画廊进行了大修。1850 年，在时任馆长安德里亚·德·郎贝里埃（Adrien de Longpérier）的领导下，墨西哥馆投入使用，这是第一个致力于前哥伦布时期艺术收藏的欧洲博物馆。

第二帝国时期（1852—1870 年）伊始，拿破仑三世在柱廊翼创建了主权博物馆（Musée des Souverains）用以宣扬他合法的政治权威。1861 年，拿破仑三世又购买了约一万两千件艺术品，其中包括六百四十一幅画作、希腊黄金和坎帕纳侯爵（Giampietro Campana，1807—1880 年）收藏的古代珍品，并在卢浮宫内创建了一个名为“拿破仑三世博物馆”的新空间来展示这些收藏（图 28）。

在拿破仑三世统治期间，他对卢浮宫进行了大刀阔斧的扩建，并为博物馆增加了约两万件新的藏品，谱写了卢浮宫建筑史和博物馆收藏史的新篇章，其中最负盛名的就是“红厅”（Salles Rouges，图 29）和“议政厅”（Salle des États）。

“红厅”建成于拿破仑三世对卢浮宫大规模扩建的时期，具有法兰西第二帝国时期典型的艺术风格，华丽的红色和金色装饰满足了拿破仑三世希望重塑辉煌历史的愿望。这个展厅最初用于展示 17 世纪和

图 24. 查理十世博物馆展厅，埃及文物部

图 25. 霍勒斯·韦尔内创作的《教皇尤利乌斯二世命布拉曼特、米开朗基罗和拉斐尔完成梵蒂冈和圣彼得教堂工程》（*Jules II ordonnant les travaux du Vatican et de Saint-Pierre à Bramante, Michel-Ange et Raphaël*），位于查理十世博物馆的第二大厅天花板

图 26. 查理十世博物馆，第四大厅天花板细节，《学识与天赋将古埃及揭示给希腊》（*L'Étude et le Génie Dévoilant l'Antique Égypte à la Grèce*），弗朗索瓦—爱德华·皮科特（François-Édouard Picot，1786—1868 年），埃及文物部

图 27. 查理十世博物馆，弗朗索瓦·奥诺雷·乔治·雅各布·德马尔特（François Honoré Georges Jacob Desmalter，1770—1841 年）橱窗，埃及文物部

图 28. 坎帕纳画廊第五大厅全景。希腊、伊特鲁里亚和罗马文物部

18 世纪法国绘画大师的作品，后来则以法国 19 世纪大幅油画的展示为主，是卢浮宫尤为重要的展示空间之一（图 30）。

“议政厅”是第二帝国时期卢浮宫建设中的另一个典范，由建筑师赫克托・勒菲埃尔（Hector Lefuel）于 1855 年至 1857 年间设计建造，整体风格金碧辉煌，彩绘的穹顶彰显着帝国的荣耀（图 31、图 32）。法兰西第二帝国灭亡后，这个厅被划归卢浮宫博物馆，用来展出 19 世纪的法国绘画。法兰西第三共和国初期，建筑师埃德蒙·纪尧姆（Edmond Guillaume）对展厅进行了一次彻底改造，封窗为墙，为陈列绘画创造了更大的墙面，又将天花板改为玻璃屋顶，为陈列空间引入了充足的天光，使整个大厅更符合艺术展示的需要。第二次世界大战后，威尼斯画派的大师作品取代了议政厅中的法国 19 世纪绘画，委罗内塞不朽的大作《加纳的婚礼》占据了一整面墙，而提香的《田园音乐会》、《戴手套的男子》，丁托列托的《圣母加冕》和委罗内塞的《威尼斯的贵族女人》等杰作也都在这个展厅中熠熠生辉。

六、战火的洗礼

在镇压巴黎公社期间，卢浮宫遭遇了严重的破坏。1871 年 5 月 23 日，国民自卫队率领公社部队放火焚毁巴黎的大批建筑，卢浮宫、卢森堡宫、歌剧院、市政厅、内政部、司法部、王宫以及香榭丽舍大街两旁的豪华酒店和高级公寓都遭到了不同程度的破坏。杜伊勒里宫的内部、博物馆的西北翼、卢浮宫图书馆和一些毗邻的大厅也都在大火中被摧毁。

图 29. 始建于拿破仑三世时期的红厅内部景观

图 30. 红厅内挂着的油画

图 31. 拿破仑三世套间内的国务部接待室内景。拿破仑三世套间还包含寝宫、餐厅等，装饰豪华，家具精美绝伦。以红色为主的窗帘帐幔随处可见，彰显着王室的尊严和地位

图 32. 拿破仑三世套间的装饰风格体现了第二帝国时期对奢华和舒适的追求

第三共和国（1870—1940 年）期间，通过捐赠、赠送和接纳国外的考古发掘，卢浮宫获得了一批新的藏品。1869 年，著名的医生兼绘画收藏家路易・拉・卡兹（Louis La Caze）向博物馆捐赠了五百八十三件藏品，这是卢浮宫有史以来获得的最大一笔私人捐赠，其中包括夏尔丹、弗拉戈纳尔的作品，也包括伦勃朗的《沐浴的拔士巴》和华托的《吉尔》等享誉世界的名画。

1880 年，伴随着伊朗苏撒遗址的考古发掘，阿帕达纳首都和大流士宫的琉璃砖装饰等文物被纳入东方（近东）古物部的收藏，卢浮宫的收藏策略也随之发生转变，此后的卢浮宫不再强调全面而广泛的收藏，开始致力于成为一座以法国、欧洲和近东艺术收藏为主要目标的博物馆（图 33、图 34）。

1883 年，放置在今天卢浮宫德农馆中的《萨莫色雷斯的胜利女神》开始被作为博物馆的重点藏品展出，这件作品不仅是希腊雕塑中“最伟大的杰作”，也是存世极少的古希腊原作珍品，是卢浮宫众多藏品中当之无愧的“艺术明星”。

1897 年，卢浮宫之友协会（Société des amis du Louvre）成立并向卢浮宫捐赠了安盖兰・夏隆东（Enguerrand Quarton）的《圣母怜子图》等重要作品。第一次世界大战爆发后，博物馆及其藏品的扩张速度渐趋放缓，但卢浮宫的藏品目录依旧在不断增加，例如乔治・德・拉图尔的《圣托马斯》以及埃德蒙—德—罗斯柴尔德男爵（Edmond-de-Rothschild）于 1935 年向卢浮宫捐赠的四千幅版画、三千幅素描和五百本插图书籍。

第二次世界大战期间，卢浮宫为其艺术收藏品制订了精密的疏散计划。当德国占领苏台德地区时，《蒙娜丽莎》等许多重要画作被暂时移至香波城堡（Château de Chambord），而《萨莫色雷斯的胜利女神》和《米洛的维纳斯》等珍贵雕塑则被送至瓦朗塞城堡（Château de Valençay），1945 年法国解放后，这些重要的艺术品才陆续重返卢浮宫（图 35）。

战后，卢浮宫的全新规划展现出其艺术品位的进一步演变，此时的卢浮宫开始淡化 19 世纪后期的奢华装饰风格，埃德蒙・纪尧姆设计的天花板装饰于 1947 年被从议政厅移除；1950 年前后，建筑师让—雅克・哈夫纳（Jean-Jacques Haffner）又再次简化了大画廊的室内装饰。

图 33.《英雄制服狮子》（*Héros Maîtrisant un Lion*），科撒巴德宫入口大厅正立面，石膏汉白玉，高 450 厘米。东方文物部，由保罗—埃米尔・博塔（Paul Émile Botta，1802—1870 年）考古发现，1844 年

图 34. 弓箭手檐壁细节，大流士一世宫殿，约创作于公元前 510 年，上釉硅质土砖，（弓箭手）高 196 厘米。东方文物部，1885—1886 年

从19世纪末到20世纪末，经历了百年风云的卢浮宫尽管不断地扩建与维修，但仍难免被视为“一座旧王宫中的旧博物馆”，日渐衰败的卢浮宫甚至是当时“所有大型博物馆中管理最为不善的一家”。此时的卢浮宫急需更好的整体规划，以应对新增收藏品的展示需求，并摆脱其陈腐老旧的公共形象，营造更加符合时代风气的公共环境。

七、审慎的创新

1981年，法国总统弗朗索瓦·密特朗（François Mitterrand）提出了其雄心勃勃的“大文化都市计划（Grands Travaux）”，以强调文化在法国社会中的核心地位。在相当普遍的公共认知中，卢浮宫总是被视作“法兰西之心”——“几朝历史重叠于此，奠定了卢浮宫作为重要文化符号的地位。第一组历史是记录在案的，自腓力二世（奥古斯都）的堡垒到第二帝国的翼楼，法兰西正是在这里诞生的”。因此，对卢浮宫的改建也自然成为密特朗宏伟项目中的重要一环。

1983年，在结束了对欧洲和美国的访问后，密特朗决定委任美籍华人建筑师贝聿铭负责卢浮宫的改造——“贝聿铭在华盛顿美国国家美术馆项目中将新与旧完美地结合”是密特朗选择贝聿铭的原因，而贝聿铭的出现，也开创了外籍建筑师改建卢浮宫的先河（图36、图37）。

贝聿铭为古老的卢浮宫建造了一座由六百七十五块菱形玻璃和

图35. 达鲁楼梯和《萨莫色雷斯的胜利女神》。希腊、伊特鲁里亚和罗马文物部

图 36. 贝聿铭设计的玻璃金字塔

一百一十八块三角形玻璃组装而成的巨型玻璃金字塔，这座巨大的金字塔以吉萨金字塔为原型进行了等比设计，现代结构与法国文艺复兴时期建筑风格的有机结合，产生了奇妙的互补效果：金字塔倾斜的玻璃墙体现出对博物馆折线形屋顶的致敬，而卢浮宫不透明的厚重外观则进一步衬托了玻璃金字塔的通透感。于是，古老的皇宫与现代的博物馆构成了一组精彩的对话，曾经象征权力的宫城变成了今天展示艺术的圣地（图 38）。

1989 年，玻璃金字塔建成。在贝聿铭看来："从形式上看，这样的设计最能够与卢浮宫已有建筑相容……，它又是最为稳定的结构形式之一，保障了整体的通透性。……因为它是由玻璃和钢铁建造而成，意味着旧时的建筑传统被打破。它是属于我们这个时代的建筑。"

今天，由黎塞留馆（Richelieu Wing）、叙利馆（Sully Wing）和德农馆（Denon Wing）组成的卢浮宫，透过巨大的玻璃金字塔迎接着来自世界各地的艺术爱好者们，这里是文物鉴定与收购、保护与修复的权威机构，也是文物科研领域代表法国最高水平的学术机构（图 39）。

除了为保护文物打造最理想的条件，卢浮宫博物馆最重要的一项工作就是推出展览，接待来自世界各地的访客。从 19 世纪身穿紧身胸衣、端庄娴静的法国淑女，到前来研究大师画作的临摹画家，两个多世纪以来，卢浮宫始终是艺术爱好者们共同的圣殿（图 40）。

图 37. 贝聿铭金字塔和三座小金字塔之一

图 38. 卡鲁塞勒地下空间中的倒置金字塔
图 39. 卢浮宫黎塞留馆内部景观
图 40. 杜伊勒里花园中的马约尔（Maillol）的雕塑

卢浮宫博物馆

重磅藏品赏析

《拉玛苏》或《人面牛身双翼兽》

Lamassu

地点＼豪尔萨巴德（古代亚述杜尔舍鲁金），伊拉克
时间＼新亚述时期萨尔贡二世统治时期（公元前 722—公元前 705 年）
材料＼石膏汉白玉
尺寸＼高 420 厘米

这对体态庞大的人面牛身双翼兽曾位于亚述国王萨尔贡二世（Sargon II）王宫城门的两侧，是王国和亚述人的守护神。雕像的正面以圆雕的手法处理成静态直立的造型，公牛的两条前腿和人的面部表现得清晰明确，而雕像的侧面则以浮雕的手法塑造了行走的姿态。雕像各部分的比例都精确恰当，装饰细节也极为丰富。公牛的身体显得很结实，尤其强调了对小腿肌肉线条的刻画。雕像的一侧用楔形文字錾刻了清晰的铭文——那些侵犯萨尔贡王宫的人都将受到诅咒。这是一种实用性和装饰性并重的雕塑，它们宏大的身躯和庄严的气势很容易让人联想到两河流域古老王国曾经的辉煌。

公元前 717 年至公元前 707 年，亚述国王萨尔贡二世修建了宏伟的杜尔舍鲁金［Dur-Sharrukin，现名豪尔萨巴德（Khorsabad）］，在阿卡德语中意为“萨尔贡的要塞”。这座固若金汤的亚述古城位于今伊拉克尼尼微东北。历史记载中的杜尔舍鲁金气势恢宏，拥有七座巨大的石雕城门，并在环城建有高约 24 米的坚固城墙，令那些想要破墙而入的侵略者们望而却步，无计可施。

1843 年，法国驻摩苏尔副领事保罗・埃米尔・博塔带领考古队发掘出土了这件古老的标志性雕像并将其运回法国。1858 年至 1865 年以及 1928 年至 1935 年，考古队又陆续发掘出土了浮雕、象牙雕刻、大型公牛塑像等。此后，考古学家们还在尼姆鲁德（Nimrud）遗址发现了类似的守护神兽雕像。如今，这些极富特色的古代建筑装饰在伦敦的大英博物馆、巴格达的伊拉克国家博物馆、纽约的大都会艺术博物馆和芝加哥的东方研究所博物馆都可以看到。

《汉谟拉比法典》

Code of Hammurabi

地点 \ 古巴比伦，苏撒（Susa）
时间 \ 公元前 1792—前 1750 年
材料 \ 玄武岩
尺寸 \ 高 225 厘米

这件巨大的黑色玄武岩石柱上，雕刻着世界上现存的第一部比较完备的成文法典——《汉谟拉比法典》。石柱分为上下两个部分，上部是汉谟拉比王站在太阳神沙玛什（Shamash）前接受王权的浮雕，象征了神授王权的合法性和法典原则的不可侵犯性。太阳神形体高大，坐在形似古巴比伦塔寺的宝座上，胡须被编成整齐的须辫，头戴螺旋形宝冠。他的右肩袒露，身披长袍，正襟危坐，正在授予汉谟拉比象征权力的手杖。汉谟拉比头戴传统的王冠，神情肃穆，手部的姿势表现出对信仰的虔诚。

下部是用阿卡德楔形文字垂直刻写的法典铭文，共三千五百列、两百八十二条法律。《汉谟拉比法典》由序言、正文和结语三部分组成，序言和结语约占全部篇幅的五分之一，语言丰富，辞藻华丽，充满神化和美化汉谟拉比的言辞，是一篇对国王的赞美诗。正文包括两百八十二条法律，对刑事、民事、贸易、婚姻、继承、审判等制度都做了详细的规定。据说汉谟拉比在执政三十年后主持了法典的颁布，并将镌刻了法典的石碑竖立于巴比伦的神殿中。

1901 年 12 月，一支由法国人和伊朗人组成的考古队在伊朗西南部的苏撒古城旧址发现了这件重要的文物。当时的法典石碑已经碎裂，经过三轮寻找，最终将残件完整地拼合起来。《汉谟拉比法典》不仅是研究古巴比伦经济、政治、法律制度的重要文物，同时也是古巴比伦艺术成就的杰出代表。鉴于古巴比伦王国流传至今的艺术品极为稀少，这件磨光石碑上的精细雕刻便显得格外珍贵。

《盘腿而坐的书吏》

Le Scribe Accroupi

地点 \ 萨卡拉（Saqqarah）
时间 \ 第四或第五王朝（公元前 2600—前 2350 年）
材料 \ 上色石灰岩，眼睛镶嵌着铜、雪花石和水晶
尺寸 \ 高 53.7 厘米

古埃及的雕塑艺术在金字塔时代（公元前 2700—前 1750 年）达到了顶峰，产生了许多卓越的雕塑杰作，《盘腿而坐的书吏》就是这一时期的代表性作品。这件雕塑目前是卢浮宫古埃及文物部极为著名的展品之一。虽然对他的姓名、头衔，甚至是他生活的确切年代都无从知晓，但其精美的写实风格和精湛的制造工艺仍然深深地打动了来自世界各地的游客。

在古埃及，书吏是一种颇受人尊重的职业。这项工作最初是由王室的嫡系成员甚至是王子来担任的，后来才渐趋平民化。书吏虽然属于官僚阶层，但并没有行使权力的具体职务。在古埃及的法老贵族陵墓中，常常有陪葬的书吏官，其目的在于让那些已经从人间逝去的法老贵族能够在死后的世界中仍有助手为其处理国事。

这件《盘腿而坐的书吏》由石灰岩制成，根据人体的实际颜色着色完成。他的眼睛用铜料镶边，雪花石做眼白，闪亮的水晶做眼球，透明的水晶下面还垫了一块黑檀木，因而双目显得自然逼真。书吏的双腿交叉叠放，呈现出自然的记录状态。他的左手拿着一张平整展开的莎草纸，紧紧绷在大腿上的白色缠腰布成为书吏书写的支撑；右手做拿笔的姿势，笔早已不知所踪。自然逼真的写实手法让人感觉几千年前的书吏似乎仍然流露着鲜活的气息。古代埃及人对死亡的理解促成了这件雕塑真实自然的效果：灵魂是不灭的，雕塑将代替死者的肉身，成为其灵魂的不朽之躯。

《阿蒙霍特普四世—阿肯那顿》

Amenhotep IV-Akhenaton

地点 \ 卡纳克（Karnak）
时间 \ 大约公元前 1350 年
材料 \ 建筑石柱碎片，曾上色
尺寸 \ 高 137 厘米

阿蒙霍特普四世是古埃及第十八王朝的法老（公元前 1353—前 1335 年在位），这个名字的意思是“太阳神阿蒙的仆人”。在他进行了宗教改革后，为了表示与阿蒙信仰的决裂，以及对阿顿（Aten）信仰的支持，阿蒙霍特普四世改名为“阿肯那顿”，这个名字的意思是“阿顿的仆人”或“阿顿光辉的灵魂”。虽然阿肯那顿领导的这场宗教改革最终以失败告终，但在其短暂的变革期内，埃及艺术高度程式化的严苛标准被彻底颠覆，出现了更纤细优雅、更真实的自然主义风格。这件《阿蒙霍特普四世—阿肯那顿》的半身胸像，正是这一特殊时期的艺术经典。

在这件巨大的阿肯那顿胸像中，法老拥有线条柔和的面部轮廓、甜美的嘴唇以及纤细的眼睛、鼻子和身体，整体带有阴柔的女性气质。这种似乎具有雌雄同体特征的表现，在后世的学者看来，是为了强调阿顿神对埃及人来说既是父亲又是母亲的寓意，而人间的统治者法老也同样肩负着父亲和母亲的双重职责。这是一种不可动摇的结合，可以为埃及带来神的庇护和祝福。阿肯那顿死后，他的儿子图坦卡蒙在阿蒙祭司和大贵族的压力下，被迫终止了父亲的宗教改革，重新恢复了对阿蒙神的崇拜。因此，在这之后的大部分法老形象又恢复了宽肩细腰、身材健美的理想化造型，即使面部特征有些许的个性化差异，但他们的身形几乎难以区分。这种对创作对象理想化、程式化的统一，在阿肯那顿改革前和改革后的埃及历史中几乎一以贯之。

这件在埃及历史上具有特殊意义的文物是 1792 年埃及政府送给法国的礼物，一直保存在卢浮宫，成为全世界游客了解和想象几千年前阿肯那顿改革时期艺术新风的最佳媒介。

《萨莫色雷斯的胜利女神》

—— *the Winged Victory of Samothrace* ——

地点 \ 萨莫色雷斯岛
时间 \ 约公元前 190 年
材料 \ 人像雕塑由帕罗斯岛大理石（Parian marble）制成，女神脚下的船由拉托斯（Lartos）灰色大理石制成
尺寸 \ 高 328 厘米

《萨莫色雷斯的胜利女神》是希腊化时期最杰出的艺术作品，是关于理想与崇高最完美的展现。自 1884 年以来，它就一直在巴黎卢浮宫博物馆主楼梯的顶部展出，也是少数以原件而非罗马复制品形式幸存的希腊雕像之一。

这件由白色帕罗斯岛大理石制作的雕像，表现了长着翅膀的胜利女神正降落在一艘军舰船头的情形。女神穿着由轻柔贴身的面料制成的束腰外衣，带有折叠式的襟翼，胸前系着腰带，由两条细带固定在肩膀上。下半身部分覆盖着一件厚披风，披风的上沿卷起至腰部，一端从两腿之间滑向地面，相对短的另一端则随风扬起。此时，披风似乎正在脱落，迎面而来的风将它固定在了女神的右腿上。雕塑家刻意强调了面料的质感，在它贴近身体的部位，尤其是腹部，表现出薄如蝉翼的柔软感。而布料堆积的褶皱部分，如两腿之间，则通过精湛的空间雕塑将面料自然随意的真实性完全展现了出来。

女神的右腿向前迈进，左腿则向后伸开，悬在空中。此时的女神不是在行走，她的大翅膀向后展开，展现出她是刚刚完成飞行而着地的瞬间。这种极富动态特征的表现手法，与早期希腊或近东的雕塑完全不同，艺术家成功地构建了女神与周围空间的关系——她正与吹过的海风抗争，竭力保持稳定。正如这件大型雕塑的创作初衷，女神站在船头，宣告着胜利的到来。观众的想象进一步扩展了作品的表现力，也增强了它的象征性力量：风和海与斗争和命运联系了起来，也可以理解为是神的加持或恩典的隐喻。大约两千年后，这种雕像与空间之间的相互作用将成为巴洛克和浪漫主义艺术中的常见手法。

《阿佛洛狄忒》又称《米洛的维纳斯》

Aphrodite，*Vénus de Milo*

时间 \ 公元前 150—前 125 年
材料 \ 大理石
尺寸 \ 高 202 厘米

《米洛的维纳斯》是一件创作于公元前 150 年至公元前 125 年希腊化时期的雕塑。作为古希腊著名的雕塑作品之一，它自 1820 年在希腊米洛岛被重新发现后，就一直在卢浮宫博物馆展出。

《米洛的维纳斯》，也称《阿佛洛狄忒》，表现了希腊爱神阿佛洛狄忒自然优美的身姿。但也有部分学者认为，这件雕像表现的是海神安菲特里忒（Amphitrite），因为发现她的小岛米洛普遍崇敬着这位后来成为海王波塞冬妻子的仙女。关于雕塑的创作者，最初认为是古典后期最伟大的雅典雕塑家普拉克西特列斯（Praxiteles），但后来根据雕塑底部的铭文，这件雕像现在被普遍认为是安提阿的亚历山德罗斯（Alexandros of Antioch）的作品。

《米洛的维纳斯》在被重新发现时已经失去了双臂，据说是在希腊和法国激烈的争夺中摔断的。缺失双臂并不影响维纳斯散发其艺术的魅力，她的身姿丰腴而健美，腰间的布料似乎就要滑落；椭圆形的面庞上是希腊式笔直的鼻梁、平坦的前额和丰满的下巴。她那微微扭转的姿势，使半裸的身体构成了一个和谐而优美的螺旋形上升体态，富有音乐的韵律感。

女神身上展现出的神圣庄严、理性优雅的古典艺术之美，启发了日后众多艺术家的灵感，其中最引人注目的是来自超现实主义艺术家萨尔瓦多·达利（Salvador Dalí）的同名改编。此外，在现代的流行文化中，无论是在杂志、广告还是家居装饰中，都能常常看到米洛的维纳斯的形象。

《沉睡的赫马佛洛狄忒斯》

— *Sleeping Hermaphroditus* —

时间 \ 公元 2 世纪
材料 \ 大理石
尺寸 \ 长 169 厘米

赫马佛洛狄忒斯是古希腊神话中神的信使赫尔墨斯和美神阿佛洛狄忒的儿子。在古罗马诗人奥维德的描述中，15 岁时的赫马佛洛狄忒斯在森林中与水泽仙女萨耳玛西斯（Salmacis）相遇。赫马佛洛狄忒斯太英俊了，萨耳玛西斯在看到他的第一眼后便陷入了疯狂的爱恋，在试图色诱少年被拒绝后，她紧紧抱住赫马佛洛狄忒斯跳入水中，并向诸神祈求要永远与赫马佛洛狄忒斯结合在一起。诸神满足了水泽仙女的心愿，于是将他们合并成了雌雄同体的身躯。

这件《沉睡的赫马佛洛狄忒斯》展现了已拥有雌雄同体之身的、沉睡中的赫马佛洛狄忒斯，他趴在柔软的床垫上温柔安静地睡着了。一面是有着精致脸庞、身姿妖娆的女性形象，背部曲线优美性感，丰满的臀部微微翘起、小腿轻松地搭在一起，柔软轻薄的床单一直从头部延伸至小腿的部位，也将观众的视线集中在了这曲线起伏的美妙身体上。另一面则是拥有男性性器官的少年，微露的胸部提醒着他的与众不同。简单的睡觉姿势，却从雕塑的两面呈现出让人印象深刻的戏剧性冲突。

1617 年，《沉睡的赫马佛洛狄忒斯》（除去床垫的部分）在罗马维多利亚圣母堂（Santa Maria della Vittoria）的花园中被发现，这里曾是整个罗马帝国最大的浴场——戴克里先浴场（Terme di Diocleziano），随后红衣主教博尔盖塞（Borghese）收藏了这件珍宝。1619 年，他让乔凡尼·洛伦佐·贝尼尼（Gian Lorenzo Bernini）——17 世纪最伟大的巴洛克雕塑家制作了赫马佛洛狄忒斯的大理石床垫。这张拥有细腻质感、弹性线条、巧夺天工的床垫，为两千年前的作品再次注入了完美和谐的生命力。

《基督受难》

Crucifixion

作者 \ 安德烈·曼坦尼亚（Andrea Mantegna，1431—1506 年）
时间 \ 1456—1459 年
材料 \ 木板坦培拉
尺寸 \ 76 厘米 ×96 厘米

在文艺复兴时期，意大利的各个城市因为政治经济形势的不同，而形成了以区域为中心的诸多艺术流派并拥有各自独特的艺术风格。例如，最知名的佛罗伦萨画派和威尼斯画派、以意大利中部城市翁布里亚（Umbria）为中心的翁布里亚画派，以及意大利北部的帕多瓦（Padua）画派等。安德烈·曼坦尼亚正是帕多瓦画派的代表人物，他在这件具有代表性的作品《基督受难》中，经典地再现了帕多瓦画派的艺术风格：古典雕塑般的轮廓、强烈扎实的体积感以及令人肃然起敬的、具有英雄般气概的人物形象。

画中的一幕发生在各各他一处岩石开裂的不毛之地，岩石上的个个坑洞暗示了曾经发生的十字架上的行刑。被罗马总督彼拉多下令处决的耶稣位于画面的视觉中心，此时他的双手已经被人钉在了十字架的水平木梁上。曼坦尼亚对耶稣身体的描绘，正如艺术史家乔尔乔·瓦萨里所表达的那样：他的线条是那么锋利，完全不似人类肉体的线条，几乎接近石制的雕像。在耶稣的十字架下，放着世间第一个人类亚当的头骨。传说中，亚当去世后就被埋在了这骷髅之地，耶稣死后的地震让他的骸骨暴露了出来。在耶稣的左右，是两位与他一同被处死的强盗，其中一位在耶稣未死之前被赦免了……

这幅《基督受难》的木板绘画并不是单独的创作，而是意大利北部城市维罗纳（Verona）圣泽诺大教堂（San Zeno Church）祭坛装饰屏下部组画中的一幅。1798 年，它作为拿破仑远征意大利的战利品被带回了法国并最终成为卢浮宫的收藏。

《圣母加冕》

Coronation of the Virgin

作者 \ 弗拉·安吉利科（Fra Angelico，闻名于 1417—1455 年）
时间 \ 约 1430—1432 年
材料 \ 木板坦培拉
尺寸 \ 209 厘米 × 206 厘米

《圣母加冕》描绘了圣母升天后由基督加冕的情形：圣母从祝福的人群中登上了九级颜色各异的大理石台阶，她低头跪下，接受荣耀基督手中的冠冕。此时的基督和圣母身边，围绕着圣徒和演奏天国圣乐的天使们。这是一个愉悦的时刻，展现出明朗欢乐的气氛。画面前景中的人物跪着：有头戴皇冠的法国国王圣路易斯，身着红衣、手持油膏瓶的抹大拉的玛利亚，手靠殉难之轮的亚历山大的圣凯瑟琳，以及怀抱羊羔的圣艾格尼丝等。

在这幅祭坛画中，拥有罕见天赋的安吉利科用传统的坦培拉技法展现了一种全新的视觉创造，即将传统的天堂加冕礼整合到真实空间中的尝试。整个场景以陆地作为背景，而不再像传统构图那样飘浮于空中。天空也不再是金色而是逼真的蓝色。同时，低视点使得围拢四周的圣徒和天使们能够被放置在同一连贯的空间中而不相互遮挡。这种从中世纪平面装饰画风中蜕变而来的新尝试，清晰地呈现了中世纪与文艺复兴之间的过渡，以及安吉利科所受到的新兴文艺复兴思潮的影响。

作为安吉利科著名的作品之一，《圣母加冕》来自佛罗伦萨附近的小城菲耶索莱（Fiesole）圣多米尼克教堂（church San Domenico）的祭坛。这里也曾是安吉利科祷告的地方。作为多明我会的僧侣画家，安吉利科虔诚的宗教信仰使他笔下的神圣时刻都带有静穆、纯净的诗意。传说他拿笔作画前，必唱颂歌，借由神的恩宠而自然地绘画。也由此，他那世间平凡的名字圭多·迪彼得罗逐渐被众人淡忘，而被冠以“天使”的昵称——“安吉利科”。

DE CELO DESCENDI

《布拉克家族三联画》

Braque Family Triptych

作者 \ 罗吉尔·凡·德尔·维登（Rogier Van der Weyden，1399/1400—1464 年）
时间 \ 约 1450—1452 年
材料 \ 木板油画
尺寸 \ 41 厘米 × 136 厘米

《布拉克家族三联画》是尼德兰伟大的画家之一罗吉尔·凡·德尔·维登最著名的作品。作为尼德兰 14 世纪后期大画家罗伯特·康宾的学生，维登凭借自己的天赋和努力很快成了比利时布鲁塞尔市的官方画家，并以情感丰富的人物描绘、柔和却光彩夺目的色彩而广受欢迎。他曾是勃艮第权贵的座上宾，也曾为佛罗伦萨的美第奇家族和费拉拉的埃斯特家族挥毫。1450 年，当时已常居布鲁塞尔的维登接受了来自家乡图尔奈（Tournai）的居民让·德·布拉克（Jean de Braque）及其妻子卡特琳娜·德·布拉班特（Catherine de Brabant）的委托，创作了这件尺寸不大的便携式三联画，以此来纪念并祝福他们的婚姻（二人于 1450 年结婚）。

当这件三联画闭合时，它展示了一个经典的、关于“虚荣”的主题：骷髅头和十字架。打开后（P046—047 页图），三联画的中间和两侧分别展示了基督、圣母、圣约翰、施洗者约翰和抹大拉的玛利亚。他们的身后是一幅宽广连贯的风景。一如佛兰德斯的绘画传统，维登将风景画得细致入微，河流、山脉、草地和树叶在显微镜下清晰可见。城镇的街道上是行走的、微小的身影。然而，这些看起来美丽真实的风景并不是现实中的某个地方，而是理想的世界，是整个由基督统治的世界。他化身为人，就如《约翰福音》开头所描述的那样：“道成了肉身，住在我们中间。”如果说黑暗的外表提醒我们死亡的必然性，那么宽广明亮的内部和圣洁的身影让虔诚的观众再次重燃了被救赎的希望。

《大臣洛林的圣母》

The Virgin of Chancellor Rolin

作者 \ 扬·凡·艾克（Jan Van Eyck，1385—1441 年）
时间 \ 1435 年
材料 \ 布面油画
尺寸 \ 66 厘米 × 62 厘米

“油画之父”、伟大的尼德兰文艺复兴美术的奠基者扬·凡·艾克绘制了这件作品。它是勃艮第公爵菲利普二世（Philippe Ⅱ le Hardi）的大臣尼古拉·洛林于 1434 年为其位于欧坦的城堡圣母院（Autun Cathedral）祭坛委托定制的。

个性坚强的委托者洛林拥有传奇的人生，他出身卑微但聪明异常，最终升任国家的最高职位，并且一直是勃艮第公爵“好人菲利普”（Philip the Good）的得力助手。画中左侧的洛林此时已经 60 岁了，但他的面部仍传递出令人着迷的能量感和意志力。他身着一件织有貂毛的金色锦缎外袍，跪地祈祷，面露沉思，看起来好像刚在长时间阅读之后抬起眼睛。洛林的对面是圣母子，圣母裹着一件宽大的红色长袍，将婴儿基督呈献给洛林，盘旋的天使举起的华丽王冠即将放在圣母的头上。他们位于意大利宫殿的凉廊中，三个拱门打开了其身后的空间，小花园里盛开的百合和玫瑰象征了圣母的纯洁与美德，而城垛边背对观众探身向外的两个人物，则将观众的目光引向更远处的风景。

锯齿状的城垛表明宫殿实际上是一座堡垒，建在悬崖的边缘。它的下面是一条宽阔蜿蜒的河流，流经城市的中心。河的左岸是乡村风貌，右侧是繁密的哥特式建筑。无数的小人物穿过大桥，穿过道路广场，涌向教堂的一方。与此同时，河上的船只也即将抵岸。人们似乎都在去往教堂的方向。显然，洛林所在的左侧空间代表了世俗的世界，而圣母所在的右侧则代表了天主的世界。远处的地平线被粉黄色天空下白雪皑皑的群山封闭。凡·艾克的描绘展现了全视野下的整个宇宙，通过细微处的精巧处理，将神秘的宗教情绪和地方绘画传统完美地结合在了一起。

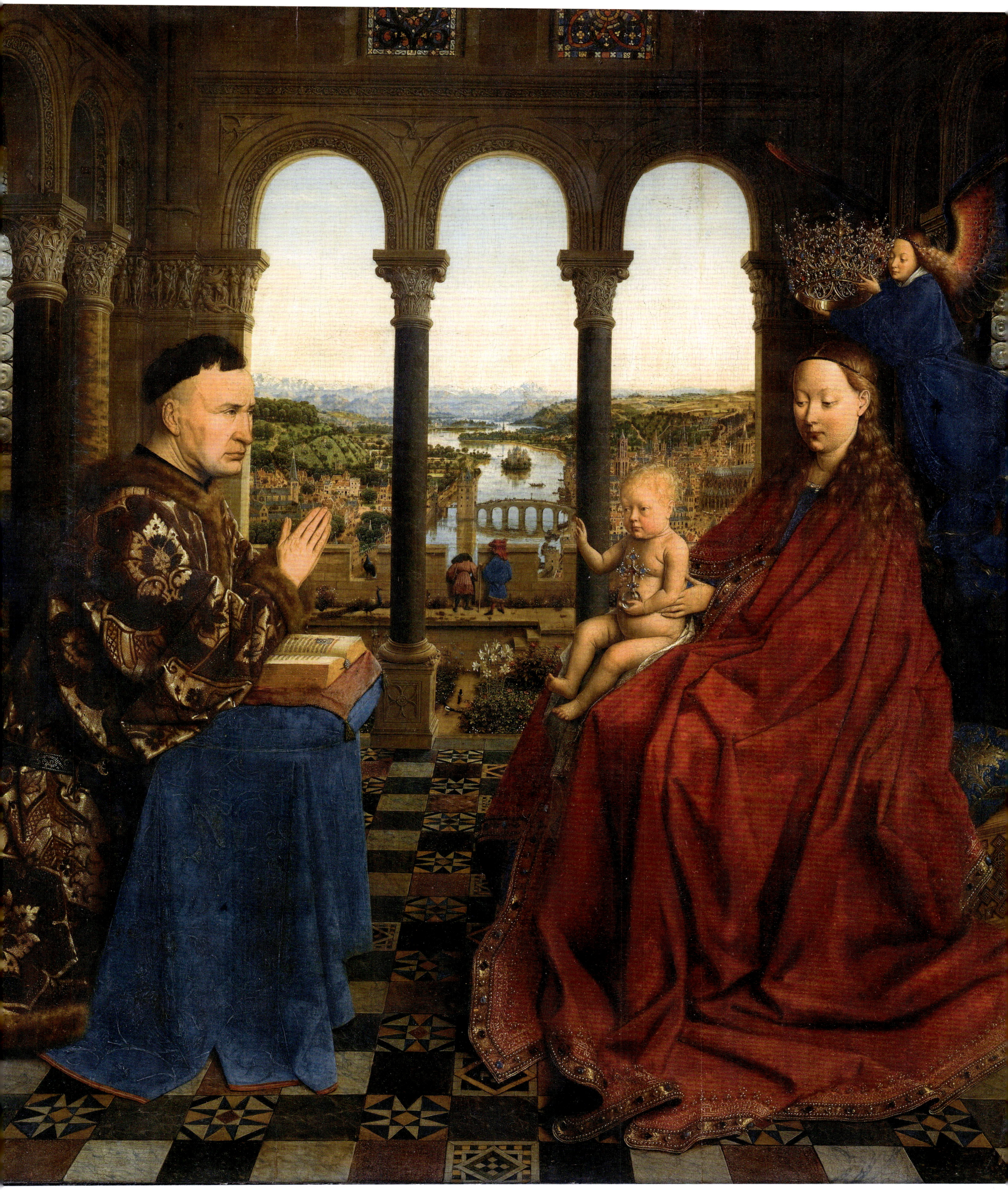

《蒙娜丽莎》

Mona Lisa

作者 \ 列奥纳多·达·芬奇（Léonard de Vinci，1452—1519 年）
时间 \ 约 1503—1505 年
材料 \ 布面油画
尺寸 \ 77 厘米 × 53 厘米

这是"文艺复兴三杰"之一的达·芬奇最知名的作品，也是卢浮宫尤为引人关注的收藏之一。每年都有数以万计的观众因为《蒙娜丽莎》走进卢浮宫，甚至走入艺术的世界。这件作品的盛名始于法国国王弗朗索瓦一世时期，这位极其推崇意大利文艺复兴艺术的国王将年迈的达·芬奇接入自己的宫中，让大师在这里有尊严地度过了他人生的最后阶段，而《蒙娜丽莎》也因此留在了法国。根据乔尔乔·瓦萨里及后世艺术史家们的记录，《蒙娜丽莎》曾被长期保存在枫丹白露宫。一个世纪后，英王查理一世派遣白金汉公爵来到法国宫廷，表达了对拥有这件伟大作品的渴望，但被路易十三拒绝了。1800 年，拿破仑·波拿巴将它放到了自己位于杜伊勒里宫的房间中。1911 年，意大利工人维琴佐·佩鲁加（Vicenzo Perrugia）从卢浮宫偷走了它，两年后才在佛罗伦萨被找到。失而复得让《蒙娜丽莎》更为出名，随后它先后在乌菲兹、罗马和米兰展出，并于同年 12 月回到巴黎。

根据乔尔乔·瓦萨里的说法，这幅画是蒙娜·丽莎的肖像。她于 1479 年出生在佛罗伦萨，16 岁时嫁给了佛罗伦萨人乔孔多侯爵（Marquese del Giocondo），因此这幅画的另一个名字是"拉乔孔达"（La Gioconda）。然而，这种身份并不十分确定。这位女士穿着佛罗伦萨当时最时髦的服饰，坐于平远的山区风景前，对远山柔和的处理手法正是达·芬奇独创的"薄雾法"（sfumato）的例证。她的表情神秘而迷人，孤僻而又柔和。她的双手柔嫩而纤细，精确且饱满。达·芬奇从一个鲜活的模特出发，以一种理想的形式展现了精准与含蓄的微妙关系，以及平和而包容的丰富人性。雾蓝色的山脉高耸在平原和河流之上，象征着宇宙，女人的微笑则代表着生命的运动和灵魂的神秘。

《圣母子与圣安娜》又名《圣安娜》

Sainte Anne, la Vierge et l'Enfant Jouant avec un Agneau，*Sainte Anne*

作者 \ 列奥纳多 · 达 · 芬奇
时间 \ 约 1501—1519 年
材料 \ 木板油画
尺寸 \ 168 厘米 × 130 厘米

达·芬奇受法国国王路易十二（Louis XII）的委托绘制了这件作品，因为路易十二第二任妻子的名字也叫安娜。

这幅画运用了达·芬奇独创而经典的三角形构图，人物从上至下依次为圣安娜、圣母和圣子。画家将耶稣的外祖母圣安娜表现得很年轻，她面带笑容地看着眼前这个顽皮的小外孙，玛利亚则坐在母亲安娜的膝上。显然，她的身体有些太大了，理性告诉我们，安娜似乎不能够承受如此的重量。耶稣正从母亲的手中挣脱下来，试图骑到羔羊的身上。画家将人物安排得很紧凑，却并不显得自然生动，整幅画面都传递着不协调的情绪。伦敦国家美术馆拥有达·芬奇同主题的一幅素描草图，其构图比卢浮宫的这件更加合理，也更加诗意盎然。或许赞助人对成画尺寸和比例的要求限制了画家的发挥。

从达·芬奇的书信中，我们得知画家还拥有第三幅同主题的创作，是由某位佛罗伦萨客户委托定制的，但它并未完成（已佚失），也许是因为艺术家对数学的突然兴趣抑或是被主教恺撒·博尔吉亚（Cesare Borgia）委派的工程任务给耽误了，这种半途而废的情况在这位博学的画家身上并不罕见，因为其“不可遏制的好奇心”和“极其活跃的想象力”使其一生中完成的作品不超过三十件。

回到绘画的主题，围绕“圣安娜、圣母与圣子”展开的创作在中世纪就已经出现，但并不流行。达·芬奇对这一不常见主题的选择，或许还出自象征性的原因。弗洛伊德就曾提出过一种精神分析的解释：幼年时的画家曾梦见自己在摇篮中被秃鹫袭击，因此安全感的匮乏迫使其从亲密的代际关系中去寻求安慰。

《岩间圣母》

Virgin of the Rocks

作者\列奥纳多·达·芬奇
时间\约 1483—1486 年
材料\于 1751 年由木板油画誊至画布
尺寸\199 厘米 × 122 厘米

《岩间圣母》拥有两个版本，一件是卢浮宫的这幅藏品，另一件则在伦敦国家美术馆，前者的创作时间比后者早了约十年。卢浮宫的《岩间圣母》是达·芬奇来到米兰后接到的订单。从 1483 年到 1486 年，画家陆陆续续用了三年的时间才最终完成，后来被法国国王购买而藏于卢浮宫。

《岩间圣母》的主题表达了“无瑕受孕”的《圣经》内容，讲的是圣母玛利亚在没有原罪的情况下怀上了神的孩子。绘画的名字还反映了这一类图像的特点：宗教人物被描绘在岩石洞穴中，他们在石头地板上席地而坐。这些人物形象经过严格的空间排列而形成金字塔式的构图。据说这种稳定的构图模式就是自达·芬奇的这件作品开始的，当时对画家的艺术同行们产生了相当大的影响，进而成为构图的典范。

圣母、圣子、天使与施洗者约翰置身于嶙峋的岩窟中，潮湿的空气包裹着他们；穿过左后方岩体间孔洞的，是清澈海水中的倒影、雾霭中的远山和蓝色的天空。各类花草在岩缝中生长，鸢尾、银莲、紫罗兰和一些蕨类……它们被描画得如植物标本般精准，并由近及远地装饰着岩穴的空间。金色的阳光透过薄雾强化了圣母温和的面容、天使的微笑和两个可爱小孩的饱满与粉嫩。这种轻烟薄雾的幽远温润正是达·芬奇在绘画上的另一个创新：空气透视法（Aerial Perspective）。至此，文艺复兴以来的线性透视与达·芬奇空气透视相结合，使绘画的透视关系变得更加精确与完善，也由此塑造了文艺复兴时期视觉艺术上的丰碑，成为后世画家们难以翻越的高峰。

《圣母子与施洗者约翰》又称《美丽的女园丁》

The Virgin and Child with Saint John the Baptist, La Belle Jardiniére

作者\拉斐尔（Raffaello Sanzio，1483—1520 年）
时间\1507 年或 1508 年
材料\木板油画
尺寸\122 厘米 × 80 厘米

拉斐尔，“文艺复兴三杰”中最年轻的一位。他才华横溢，性情平和而优雅，正如其名字所对应的天使，代表着治愈的神迹。如果说达·芬奇的艺术是深沉与智慧，米开朗基罗的艺术是雄伟与力量，那么拉斐尔的艺术则是完美与恬静。

在拉斐尔如流星般短暂的一生中，圣母是他创作最多也最受欢迎的题材，这些圣母像随着画家创作环境的变化而具有不同的气质。在佛罗伦萨时期的早期圣母像创作中，拉斐尔偏向于表现纯朴的平民女性，而罗马时期的圣母则从人间的母亲转变成了尊贵的女王。

这件《美丽的女园丁》是拉斐尔前往罗马之前在佛罗伦萨创作的最后一幅圣母子作品。它由锡耶纳贵族法布里齐奥·塞尔加迪（Fabrizio Sergardi）委托定制，尽管艺术家最终没有完成这件作品，但他还是签名并注明了日期。这件作品最终由著名的佛罗伦萨画家基尔兰达约（Ghirlandaio）的儿子里多尔福（Ridolfo）完成，随后被法王弗朗索瓦一世收购并最终展示在今天的卢浮宫。

《美丽的女园丁》被普遍认为是拉斐尔在佛罗伦萨时期圣母像的最高成就。画中的圣母子和施洗者约翰组成了金字塔状的构图，宽广的田园风光构成了画面的背景，这显然是受到了达·芬奇《岩间圣母》的影响。如果仔细观察画中的人物，还可以发现画家对空气透视法的柔和运用，而远处的风景则是其老师彼得罗·佩鲁吉诺（Pietro Perugino）式的表现。但这外部的影响都没有削弱作品的价值和魅力，拉斐尔在虚心汲取别人优点的同时，也潜移默化地创造了自己的风格：优雅、柔和与圆润。他的圣母囊括了文艺复兴时期圣母像的全部成就，塑造了后世艺术家们表现女性美的典范。

《反抗的奴隶》，《垂死的奴隶》

Slave (rebelling)，*Slave (dying)*

作者 \ 米开朗基罗 · 博纳罗蒂（Michelangelo Buonarroti，1475—1564 年）
时间 \ 1513—1515 年
材料 \ 大理石
尺寸 \ 分别高 209 厘米和 228 厘米

米开朗基罗，文艺复兴时期最桀骜不驯的天才，他漫长的一生在不断地逃离与反抗中度过，却也在挣扎和痛苦中成就了雕塑与绘画的双向成就。在从青葱少年走向白发暮年的过程中，他的作品风格也由宏大的力与美逐渐转向了沉郁与悲壮。

“奴隶”系列是米开朗基罗在磨难岁月中的作品，此时的艺术家刚刚完成了四年多西斯廷教堂天顶画的工程，又拖着疲惫不堪的身体开始了这些雕塑的创作。当时的教皇尤利乌斯二世刚刚去世，根据他的遗嘱，米开朗基罗必须在五年内为他建造出一座奢华的陵墓，其中包括宽 7 米、深 11 米、高 8 米的陵墓和围绕陵墓的四十尊真人大小的雕像。自古典时代以来，还从来没有过一座如此宏大、仅为个人服务的建筑。或许是教皇的去世让米开朗基罗失去了挑战掌权者的意义，他对这座教皇陵墓始终没有什么兴趣，并最终让其处于未完成的状态。

“奴隶”系列便是这庞大工程的一部分。《反抗的奴隶》表现了被紧缚双手的青年正用力挣脱捆绑，他的背微微弓起，肩略向后耸。由于头、肩、胸、腰、臀、大腿的用力，使得他的身体呈现出即将爆发的气势。《垂死的奴隶》表现了一位似乎疲惫不堪的奴隶，俊俏的青年全身松软，微闭双目，好像正接近灵魂与肉体分离的临界点。根据当时流行的新柏拉图主义的说法，人类的灵魂被禁锢于肉体的牢笼之中，只有当肉体死亡，灵魂才可得到解脱。多年后，该系列作品被赠予法王弗朗索瓦一世，国王随后又将它赐给了自己的陆军统帅。再后来，它成了红衣主教黎塞留的珍藏，并在法国大革命后成为卢浮宫的收藏。

《田园音乐会》

Pastoral Concert

作者 \ 提香（Titian，1488/1490—1576 年）
时间 \ 约 1509 年
材料 \ 布面油画
尺寸 \ 105 厘米 × 137 厘米

《田园音乐会》是文艺复兴时期威尼斯画派的杰出的成就之一，也是欧洲绘画史中一直未解的谜题。这幅寓意神秘的绘画曾被认为是乔尔乔内（Giorgione，1477—1510 年）的作品，但后来的研究让它归属于乔尔乔内的师弟——提香。

前景中的女性形象可能是代表诗歌的缪斯女神，她们的裸体揭示了其神圣的身份。左边手持玻璃瓶倒水的女神代表着更高级的悲剧，右边手持长笛坐着的女神则代表了低级的喜剧或田园诗。衣冠楚楚、弹奏鲁特琴的年轻人是抒情诗人，另一位头发蓬乱的年轻人则是普通的诗词创作者。这一切图像的基础均来自画家对亚里士多德《诗学》（*Poetica*）的借鉴。

青年们身后的风景构成了一派田园牧歌的景观。在优雅纤细的树木之间，我们可以看到一座多层的别墅。它的右边，在一片郁郁葱葱的小树林里，是领着羊群、正吹奏风笛的牧羊人。画面的效果和谐而统一，美丽、成熟的缪斯女神为我们带来了灵感，风景与人物、色彩与形式的统一表明了人与自然、诗歌与音乐之间的密切关系。

作为威尼斯画派的灵魂人物，提香在他的时代被称为“群星中的太阳”。除去对同时代人的巨大影响，他的构图、他的光线与色彩、他在寻求理想美和蓬勃朝气的过程中所表现出的力量，还为后世的画家们带去了无尽的灵感——从卡拉奇到普桑，从鲁本斯到委拉斯贵支，甚至几个世纪后的马奈。一幅向《田园音乐会》致敬的《草地上的午餐》，让“叛逆”的马奈迅速走到了艺术世界的聚光灯下，它掀起的滔天巨浪让更多的年轻画家们开始勇敢地革新，并为绘画的现代主义之路铺下了基石。

《加纳的婚礼》

Les Noces de Cana

作者 \ 委罗内塞（Véronèse，1528—1588 年）
时间 \ 1562—1563 年
材料 \ 布面油画
尺寸 \ 677 厘米 × 994 厘米

委罗内塞是意大利大画家提香极为杰出的弟子之一，也是威尼斯画派的杰出代表，他的绘画充满了世俗的生活情趣，满满的欢乐和戏剧性的情节让各个时代的观众们都深深着迷。

这幅尺寸巨大的绘画是委罗内塞为威尼斯圣乔治·马焦雷修道院（The Convent of San Giorgio Maggiore）的食堂制作的，它的主题正是对食堂空间的回应，也是对“圣事”的重申。在《圣经·新约》中，耶稣、玛利亚和使徒们在约旦河畔的加纳城遇到了一户正在举办婚宴的人家，主人热情地邀请他们一起参加。整场婚宴隆重而欢乐，但很快酒就不够了，于是耶稣请人将酒坛子里都灌满水，并让人把坛子搬到主人的面前，这时坛子里的水变成了酒……

在委罗内塞的画中，庄重的婚礼发生在当时威尼斯常见的宏伟建筑中：光滑的大理石柱、经典的科林斯式柱头以及镂空雕刻的凉廊。大约一百三十位客人在这繁华的露天空间中宴饮，这些身着华服的人们分别是各个时期的名人、画家本人和他的朋友们。根据身份地位的差别，他们又被画家通过构图层层隔开。第一层是以耶稣为中心左右对坐的贵客们和在桌前奏乐的乐师及侍从；第二层是栏杆后的人群；第三层是站在建筑物阳台上的人群。在整幅画面的视觉焦点处，头戴光环的耶稣端坐于此，是这世俗性氛围中尚未消失的宗教性，他的上方正在被切割的羔羊则是对作品主题的再次暗示。

随着 16 世纪威尼斯经济的繁荣，“加纳的婚礼”这一主题变得非常流行。不同于传统的单一神圣形象，它其实是彼时文艺复兴的人文情感、威尼斯的真实生活与神圣形象的融合，《加纳的婚礼》正是这一独特时期的图像代表。

《法国国王查理七世肖像》

Portrait of Charles VII of France

作者 \ 让 · 富凯（Jean Fouquet，1420—1478/1481 年）
时间 \ 约 1450—1455 年
材料 \ 木板油画
尺寸 \ 85 厘米 × 70 厘米

让·富凯是法国文艺复兴早期的重要画家之一，也是第一位前往意大利旅行的法国艺术家。他不仅深入体验了意大利文艺复兴时期的文化，还熟悉了尼德兰诸多画家的杰作，但他始终保持的独立性使其最终形成了自己的风格，并为法国带回了文艺复兴的新风。15 世纪 50 年代，富凯开始为法国宫廷工作，并先后服务于查理七世及其继任者路易十一。这幅查理七世的肖像画便是富凯这一时期的名作。

1450 年 4 月 14 日，福尔米尼（Formigny）战役爆发，英军引以为傲的长弓兵被查理七世领导的法军重创，这是英法百年战争中具有决定性意义的战役，几个月后英国便失去了整个诺曼底。荣耀喜悦的国王查理七世委托艺术家画下了这幅具有纪念意义的肖像，富凯也通过铭刻在画框上的文字颂扬了伟大的君主："法王查理七世，荣耀制胜之王，实至名归。"

画中的查理七世端坐在拉开的帘幔间双手叠起，瘦削而禁欲的脸、忧郁的眼睛都展现出清教徒式的朴素。蓝色帽子上 V 形的金色图案是这幅画中唯一浮夸的痕迹。国王身着深红色的天鹅绒外套，仅在脖子和袖口处镶有棕色的毛皮。长鼻子、厚嘴唇以及似乎有些拘谨的脸，都显示出艺术家不逊于尼德兰大师的精细手法——他把国王表现得太过冷静和无情了。但历史的事实不得不让观众感慨艺术家的眼力，查理七世曾背弃了给予他帮助和支持的圣女贞德和雅克·科尔（Jacques Coeur）。就如马基亚维利谈到的那样："君主，特别是新君主，不能保持所有那些受人尊重的品格。为了保有国家，他常常不得不背信弃义，与友谊、人道和宗教背道而驰。"

《曾是潘多拉的夏娃》

Eva Prima Pandora

作者 \ 老让 · 库赞（Jean the Elder Cousin，约 1490 —约 1560 年）
时间 \ 约 1550 年
材料 \ 木板油画
尺寸 \ 97 厘米 × 150 厘米

1528 年，法王弗朗索瓦一世开始在巴黎建造枫丹白露宫。因为对意大利文艺复兴的风格推崇备至，国王邀请了一众意大利的名艺术家们定居法国，这其中就包括弗朗西斯科·普列马提乔（Francesco Primaticio）和尼科洛·德尔·阿巴蒂（Niccolò dell'Abbate）。为了与当时的宫廷气氛和国王的趣味保持一致，这些意大利艺术家们，也包括后来逐渐加入的部分法国本土艺术家，逐渐形成了独特的艺术流派——枫丹白露画派。老让·库赞便是这一流派中少有的法国画家，《曾是潘多拉的夏娃》是目前唯一可以确认归于他名下的作品。

在希腊神话中，拥有一切天赋的潘多拉是由火神伏尔甘用黏土做成的，后来她被宙斯送到了人间，成为普罗米修斯的弟弟厄庇墨透斯（Epimetheus）的妻子。为了惩罚普罗米修斯为人类盗火的行为，宙斯送给了潘多拉一个神秘的盒子并嘱咐她不能打开。好奇的潘多拉忍不住打开了盒子，所有困扰人类的邪恶都飞了出来，贪婪、虚伪、诽谤、嫉妒、痛苦等等，唯有希望被慌乱的潘多拉关在了盒子里。自此，人类的黄金时代结束了。早期的基督教会将潘多拉的故事与人类的堕落联系在一起，认为潘多拉与夏娃有着本质上的一致。

老让·库赞的这幅《曾是潘多拉的夏娃》展现出意大利文艺复兴艺术深刻的影响，全裸的女性被安排在自然原始的风景中，她舒展的身姿与乔尔乔内《沉睡的维纳斯》（*Sheeping Venus*）如出一辙。岩石的洞穴和树木戏剧性的剪影，表明了画家对达·芬奇式光影的运用以及对丢勒版画中树木形式的借鉴。这种对新艺术思潮的努力尝试，对法国美术克服中世纪的传统起到了推波助澜的作用，也成就了这幅枫丹白露画派的经典。

LE TRESVICTORIEUX ROY DE FRANCE
CHARLES SEPTIESME DE CE NOM

EVA PRIMA PANDORA

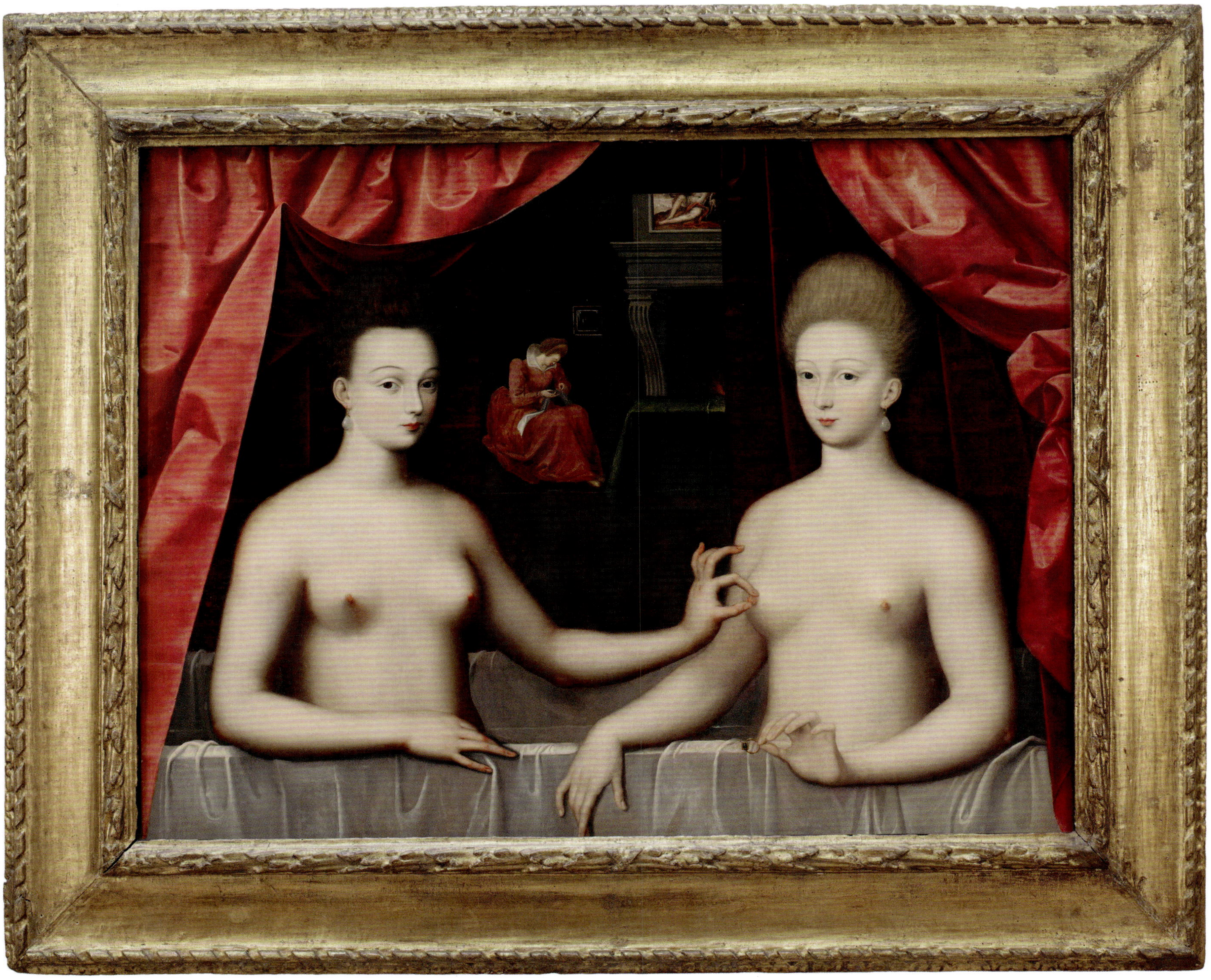

《加布莉埃尔·德斯特雷及其姐妹维拉尔公爵夫人画像》

Gabrielle d'Estrées and one of her Sisters

作者 \ 枫丹白露画派的大师（Maeter of the Fontainebleau School）
时间 \ 约 1594 年
材料 \ 布面油画
尺寸 \ 96 厘米 × 125 厘米

这幅充满肉欲的神秘油画来自枫丹白露画派的一位大师，但其具体身份已无从考证。

巨大的帷幕间，亨利四世的情人德斯特雷和她的姐妹维拉尔公爵夫人站在浴盆中大方地展示着裸露的身体，她们相似的长相、发型与身材暗示着血缘的亲密。棕色头发的维拉尔公爵夫人右手自然地搭在浴盆的边缘，左手则轻捏着德斯特雷的乳头。金发的德斯特雷自然垂落着右手，左手则炫耀地拿着一枚戒指。

在大多数的阐释中，公爵夫人捏住德斯特雷乳头的行为象征着这位国王的情人已经怀上了他的私生子。私生子在画家完成这幅作品的同年（1594 年）出生，名为塞萨尔·德·波旁（Cesar de Bourbon），并被赐予旺多姆公爵的封号。德斯特雷左手拿的戒指象征了国王对婚姻的许诺。此时的亨利四世还处在第一段婚姻中，他的王后是来自瓦卢瓦王朝的末代公主玛格丽特，但公主与国王结婚二十载始终未能诞下子嗣，于是年轻貌美的德斯特雷成为国王最爱的情人。她善解风情且好生养，先后为国王诞下三个孩子，并在怀上第四个孩子的 1599 年，得到了国王正式宣布离婚并将迎娶她为王后的喜讯。不幸的是，婚礼前夕，德斯特雷却中毒暴毙，孩子也胎死腹中……亨利四世最终迎娶了来自意大利传奇家族的玛丽·德·美第奇，即路易十三的母亲。

在这幅画中，画家对细部描绘的热衷以及远近人物大小悬殊的夸张手法，都体现出北方尼德兰的写实传统。意大利文艺复兴在解剖和透视上的成就，也被画家巧妙地运用在了人物与空间的表现中。其中，那最显著的以人物姿态来进行象征的手法对 17 世纪的法国绘画产生了深远的影响。

《22 岁的自画像》

Self-portrait at 22

作者 \ 阿尔布雷特·丢勒（Albrecht Dürer，1471—1528 年）
时间 \ 1493 年
材料 \ 粘在画布上的羊皮纸
尺寸 \ 56 厘米 × 44 厘米

这是丢勒人生中的第一幅自画像，也是欧洲绘画史中已知极早的、独立的自画像之一。

1493 年，22 岁的丢勒在斯特拉斯堡游学期间完成了这件作品。为了方便运输，这件作品最初是画在羊皮纸上的，后来被博物馆工作人员转移到画布上。

丢勒在自画像的顶部写道：“我的一切都是从上面注定的。”这表明了他对上帝的信仰。这位天才的俊秀容貌被他及肩的姜黄色头发所衬托，他头戴一顶红色的流苏帽，身着一件镶有红色流苏的灰色披风，在披风下是一件优雅的、带粉红色丝带的褶皱衬衫。他还强调了自己挺拔的鼻子、心形的上唇和长长的脖子。与大多数画家一样，丢勒也是使用镜子来描绘镜子中的自己，显然手和眼睛的部分一直是巨大的挑战。

在这幅自画像中，丢勒画出了手捧一枝海冬青的粗糙双手。海冬青是一种类似蓟的植物，德文名字的意思是“男人的忠诚”。在文化史中，蓟叶曾引发了很多诠释，时而是催情的草药，时而是爱情和订婚的象征，抑或与基督受难的棘冠联系起来。因此这幅手持海冬青的自画像，也常被史学家猜测为丢勒送给未婚妻的礼物。在丢勒长达四年的游学中，远在家乡的父亲为他安排了未来的妻子阿格尼丝·弗雷（Agnes Frey），他们最终于 1494 年 7 月 7 日结婚，也就是丢勒返回纽伦堡的两个月后。因此，这张自画像也可能是丢勒送给父母的礼物，表达他的思念与认同。这件作品是这位德国文艺复兴时代最伟大的画家青年时代的写照，也印证了他绽放的才华。

《伊拉斯谟》

Erasmus

作者 \ 小汉斯·霍尔拜因（Hans Holbein the Younger，1497—1543 年）
时间 \ 1523 年
材料 \ 木板油画
尺寸 \ 43 厘米 × 33 厘米

德西德里乌斯·伊拉斯谟（Desiderius Erasmus）于 1469 年生于鹿特丹，是 16 世纪极伟大的欧洲学者之一。他使用意大利人文主义者开创的文献法为历史批判研究奠定了基础。他的教育学著作以对新人文主义的强调取代了旧时代的学术课程；他通过对教会的批评，鼓励了日益强烈的改革呼声；他还以独立的立场——既拒绝路德的宿命论，也拒绝教皇所宣称的权力——成为那些把自由看得比正统更重要的人的灯塔。

小汉斯·霍尔拜因的这幅画描绘了正在撰写《圣路加福音评论》第一行的伊拉斯谟。在这里，他将伊拉斯谟画成了一位积极追求事业的、博学的作家，他目光低垂，完全专注在书写中。学者身后带有植物和神奇野兽图案的挂毯和木质镶板表明了他正身处书房。

小汉斯·霍尔拜因天才般的表现力完全展现在这幅精美的画像中，不仅仅因为他精湛的技术水平，还因为他理解并呈现了绘画对象的显著个性和心理状态。在传统的肖像画中，尤其是在圣人的肖像中，沉思的学者总以某些特定的符号来表明身份，如沉思的圣杰罗姆身边就总是有那只他曾为之拔过刺的狮子。而在这里，占据了画面大部分空间的是伊拉斯谟本人，霍尔拜因的目光似乎越过学者的肩膀，顺着他全神贯注的眼睛、屏息的鼻子、抿起的双唇，最终到达谨慎的双手，思考的伟大力量在画面中呼之欲出。人文主义者、政治家托马斯·莫尔爵士（Thomas More）正是伊拉斯谟这些文字的收阅者，学者紧张又审慎的态度似乎变得更合情合理。有趣的是，以写作为生的伊拉斯谟在 1533 年谴责了为他画像的霍尔拜因，因为画家在帮他送信时耽误了时间。

《放款人和他的妻子》

The Moneylender and his Wife

作者 \ 昆汀 · 马苏斯（Quentin Massys，1465/1466—1530 年）
时间 \ 1514 年
材料 \ 木板油画
尺寸 \ 70 厘米 × 67 厘米

生于比利时鲁汶的画家昆汀 · 马苏斯是尼德兰风俗画的开创者之一。成名后的他长居安特卫普，并成为安特卫普市画家联合会的成员。为了满足日益增多的作品需求，他还开创了与其他画家合作的先例，例如他就常常与尼德兰著名的风景画家约阿希姆 · 帕提尼尔（Joachim Patinir）合作，由后者画风景，他画人物，以此提高绘画的效率和质量。在马苏斯的时代，他通过明朗柔和、充满阳光的画面效果在风俗画界赢得了自己的位置，也为后世记录下了转折时期的尼德兰社会风貌。卢浮宫收藏的这件《放款人和他的妻子》就是马苏斯的代表作品，也是 16 世纪在佛兰德斯和荷兰北部蓬勃发展的风俗画的早期经典。

放款人和他的妻子坐在桌子后面，他们的身后是堆放杂物的壁柜，壁柜的旁边是露出街景的窗户一角。放款人和他妻子的面部表现得细微而精致，但都表现出相对冷漠的神情。画中的静物展现出他们生活的细节：妻子翻阅的奢华的手抄本、利用巧妙的透视法将外部世界映入画面的角镜，以及桌子和壁柜上闪闪发光的玻璃、连珠、配件和硬币……马苏斯在赋予这些物品充满魅力的个性化特征的过程中，标志着荷兰绘画在通往纯粹静物画道路上迈出的重要一步。同时，他让自己的肖像也出现在了画面里——角镜中戴红帽子的男人，似乎要将自己作为这一切的见证者，这不禁让人回忆起 1434 年扬 · 凡 · 艾克在《阿尔诺芬尼夫妇像》中的处理手法。画作背面的拉丁语铭文引自《圣经》，“天平精准，重量相当”，表明了这幅看似轻松的风俗画背后沉重的醒世意义。

《残疾人》

The Cripples

作者 \ 老彼得·勃鲁盖尔（Pieter Bruegel the Elder，约 1525—1569 年）
时间 \ 1568 年
材料 \ 木板油画
尺寸 \ 18.5 厘米 × 21.5 厘米

老彼得·勃鲁盖尔是 16 世纪尼德兰地区的伟大的画家之一，也是尼德兰革命的支持者。他一生的创作都围绕着农村生活，也因此被称为“农民的勃鲁盖尔”。他在作品中常常利用对细节忠实的描绘和将现实与怪诞幻想唐突对比的方式，来暗喻时代的荒唐与悲剧，为 17 世纪的荷兰绘画开拓出了新的方向。这里的《残疾人》是卢浮宫所藏的唯一一幅老彼得·勃鲁盖尔的画作。

《残疾人》是一幅尺寸不大的作品，简明扼要地表达了勃鲁盖尔对时人境遇的痛心和同情，以及对政治、社会和道德的讽刺，正如一句荷兰谚语：“谎言就像拄着拐杖的瘸子。”1566 年 4 月的一天，尼德兰贵族威廉·奥兰治（Willem Oranje）带领一众“贵族同盟”出现在布鲁塞尔城总督府的门前，他们身着乞丐服，系着乞食袋，代表尼德兰向西班牙驻尼德兰总督请愿，要求废除迫害新教徒的法令，撤走西班牙驻军。总督拒绝了。随后，尼德兰革命风起云涌。《残疾人》是否是对这一历史事件的讽刺性描绘，艺术史的研究众说纷纭，并没有做出确定的回答。

还有的观点认为，画家表现的是威尼斯拉扎雷托（lazarettos）医院的麻风病人离开医院去参加狂欢节的场景，这些被长时间隔离的残疾人兴奋无比，他们的装扮和身姿怪异，不同的头饰可能指向不同的社会身份——牧冠（神职人员）、皮帽（公民）、帽子（农民）、头盔（士兵）和王冠（贵族）。乞丐身前身后挂着的狐狸尾巴一直是未解的谜题，右后方一名身披黑色长袍的女人正在离开。无论是哪种观点，艺术家都为观众们记录下了令人深思的特殊时代的奇观。

《十字架上的基督》

Christ on the Cross Adored by Two Donors

作者 \ 埃尔·格列柯
时间 \ 约 1580 年
材料 \ 布面油画
尺寸 \ 248 厘米 × 180 厘米

出生在希腊克里特岛的埃尔·格列柯，青年时代曾求学于意大利，中年时移居西班牙。他最初抵达西班牙的首都马德里，并渴求在腓力二世的宫廷中谋得一席之位，但严肃的国王对他充满幻想的创作风格并没有多大的兴趣。于是格列柯前往了西班牙天主教气氛最浓重的托莱多，托莱多的没落贵族最终成就了格列柯变形与骚动不安的绘画，让他将这里视为了自己的第二故乡并在此度过余生。格列柯一生中最精彩与神秘莫测的创作大部分都出自托莱多时期，他也因此常被称为“西班牙的格列柯”。

这幅《十字架上的基督》是为托莱多的圣哲罗姆隐修会修道院的小礼拜堂制作的。格列柯还将这幅祭坛画的重要赞助人画在了十字架的两边，他们正望向基督，虔诚地祈祷。一些学者认为他们是兄弟安东尼奥·迭戈（Antonio Diego）和安东尼奥·科瓦鲁比亚斯（Antonio Covarrubias），他们分别是牧师和贵族。

《十字架上的基督》展现出文艺复兴以来的成就：对细节的真实描绘。例如，从基督的额头、手和脚上滴下的血滴，以及基督未殉难前尚未紧绷的躯干和肢体等。戏剧性的光和影塑造了基督生动起伏的肌肉组织，他伸展且扭曲的身体强化了他受难的痛苦。在基督的头顶，粘在十字架上的纸用希伯来语、希腊语和拉丁语告诉我们，他是拿撒勒的耶稣，犹太人的君王。

竖直的构图是格列柯在形式上最大的特点，他不再使用意大利式的横向画面，抛弃了惯用的建筑远近法。暖色调也不再是格列柯绘画的特征，受丁托列托的影响，这时的格列柯已经完整地展现出青白光线叠加悲剧力量的独特风格。

《玛丽王后在马赛港登陆》

The Landing of Marie de Médicis at Marseilles

作者 \ 彼得·保罗·鲁本斯（Peter Paul Rubens，1577—1640 年）
时间 \ 1623—1625 年
材料 \ 布面油画
尺寸 \ 394 厘米 × 295 厘米

1621 年，法国国王亨利四世的遗孀、路易十三的母亲玛丽·德·美第奇邀请鲁本斯前往巴黎，希望画家能用二十四幅大型油画来纪念她和已故丈夫的婚姻与生活，并用这些作品装饰新建成的卢森堡宫。此时的鲁本斯已经享誉欧洲，他是巴洛克绘画最杰出的代表，也是西班牙哈布斯堡王朝的外交使节。鲁本斯热爱这种双重身份，他曾说：“画画是我的职业，当大使是我的爱好。”对鲁本斯来说，接受王太后玛丽的邀请显然是一份重大的荣耀，但也是一项艰巨的挑战——二十四幅的系列叙事要献给一位还未进入历史的在世女王，这需要谨慎周全的考虑。大师前前后后花了三年的时间才完成这些作品。

鲁本斯史诗般地处理了王太后的生活，通过对文化的借鉴和对古典神话百科全书式的利用，将玛丽传奇的人生转变成了生动的歌剧。将真实生活升华为神话的创作方法，很大程度上来自鲁本斯的发明。基督教与希腊神话的混杂填充着天才的作品，画家善于使用对比反差的手法，将闪耀的盔甲和强壮的身体以及脆弱的丝绸和粗犷的无畏舰船并置，让这段真实的历史彻底被奇观超越，成为一幅纯粹的绘画，一场视觉的盛宴。

《圣母之死》

The Death of the Virgin

作者 \ 米开朗基罗 · 梅里西 · 达 · 卡拉瓦乔（Caravaggio，1571—1610 年）
时间 \ 1601-1606 年
材料 \ 布面油画
尺寸 \ 369 厘米 × 245 厘米

这是卡拉瓦乔人生中尺幅最大的一件作品，也是在当年就引起了极大争议的作品。

1602 年，教宗的法律顾问拉齐奥・切鲁比尼（Laerzio Cherubini）委托卡拉瓦乔为罗马阶梯圣母教堂（Carmelite Church of Santa Maria della Scala）绘制一幅关于“圣母之死”的祭坛画。作品完成后，修士们看着这件作品既震惊又愤怒，因为画中的玛利亚是以卡拉瓦乔所爱的妓女为原型创作的。不仅如此，圣母的腿露在外面，她肿胀的身体似乎是溺水身亡的样子。此外，圣徒们是如此贫穷，环境是如此简陋，无论出于神学还是美学的原因，他们都无法接受。另一种说法则认为卡拉瓦乔没有坚持圣母升天的教义，因为玛利亚死亡的时刻正是应该被接入天国的时刻。最终，卡拉瓦乔的追随者卡洛・萨拉切尼（Carlo Saraceni）所画的中规中矩的《圣母升天》代替了这件作品。

在厚重的红色帘幕下，信徒们围在尸体旁，他们大多在画面的左边，或哀伤或哭泣地面向着床板上的玛利亚。穿过高高窗户的光线投在信徒的额头和头顶，然后落在了圣母的上半身，以及她左侧掩面哭泣的抹大拉的玛利亚的后背上。在卡拉瓦乔惯用的红色、橙色和深绿色的厚重画面里，这是一个严肃、悲伤、静止的时刻，没有排山倒海的哀恸，只有无声的抽噎、惊愕与空虚。

卡拉瓦乔对死亡时刻的现实主义描绘，展现出远超时代的革新精神。尽管不受赞助人的喜爱，但他的同行无不为之震撼。鲁本斯极力劝说他的赞助人曼图亚公爵买下了这件作品。此后，画作又被英王查理一世买下，在他被处决后，这件作品成为路易十四的收藏并最终收藏于今天的卢浮宫。

《劫掠萨宾妇女》

The Rape of the Sabine Womens

作者 \ 尼古拉斯 · 普桑（Nicolas Poussin，1594—1665 年）
时间 \ 约 1637—1638 年
材料 \ 布面油画
尺寸 \ 159 厘米 × 206 厘米

尼古拉斯・普桑是法国巴洛克时期重要的画家之一，也是 17 世纪法国古典主义绘画的奠基人。他崇尚文艺复兴时代的成就，醉心于古希腊罗马的文化遗产，因此他的作品大多取材于神话、历史和宗教。这幅尺寸巨大的作品，其题材便出自罗马神话。画家青睐这一宏大且浪漫的题材，因而画了两个版本，卢浮宫的这件是第二件，第一件现存于纽约大都会艺术博物馆。

《劫掠萨宾妇女》讲述了罗马人与邻帮萨宾人之间的争斗。萨宾人是定居在台伯河东岸山岳地区的古意大利部落，居住在帕丁山的罗马人早就觊觎萨宾女人，于是在某个欢庆的节日里，罗马人在首领罗慕路斯（Romulus）的指挥下，洗劫了萨宾城的妇女和财产。从此，双方展开了连绵不断的战争，直到萨宾人和罗马人渐渐融合为一个民族。

画面的左侧，罗马士兵抱起一名身着蓝裙的萨宾女人，女人的神情惊恐而绝望，她悬空的四肢已经无法从罗马人强有力的臂膀中挣脱，类似的状况还发生在画面的中心、一个更远的地方……与广场上的混乱相比，左侧看台上的红衣军官及其随护的姿态与骚动的人群形成了鲜明的对比。他们冷静地看着这场野蛮的劫掠，军官举起的左手表明自己就是这场悲剧的制造者和指挥者。根据古典美学理念，普桑还将受害者的肤色表现得更为白皙，施暴者的肤色则处理得相对暗黄，充满理性地回应了古典艺术中关于形式美与道德美相统一的观点。严格的素描和完美的构图，富于雕塑感的人物造型，都展现在这幅稳定静穆的画作中，这些形式也正是崇高的 17 世纪古典主义绘画的显著特征。

《丰足》

Allegory of Wealth

作者 \ 西蒙·武埃（Simon Vouet，1590—1649 年）
时间 \ 约 1640 年
材料 \ 布面油画
尺寸 \ 170 厘米 × 124 厘米

西蒙·武埃是 17 世纪上半叶法国古典主义绘画的主要代表，也是路易十三最重要的宫廷画家。在长达十五年的宫廷生涯中，他成了法国宫廷及美术界最受欢迎和最受尊敬的画家，也是当时法国画坛不可动摇的权威。

武埃出身于艺术世家，在接受了父亲的艺术熏陶和训练后前往威尼斯，开启了他的意大利时代。他天赋极高，又善于结交，曾被特许在主教罗马郊区的别墅里培训办学，甚至被提名圣路加学院的“亲王”，这是教皇赐给外族的最高荣誉，此时的他是侨居罗马的法国画家的领袖和典范。盛名之下的画家在 37 岁时回到巴黎，善于交际的他很快就得到了国王的赏识。

《丰足》正是武埃回到巴黎后的代表作之一，是一幅寓言题材的创作。代表丰足的天使（她的身后是一幅巨大的翅膀）的庞大丰满的身躯占据了画面的大部分空间。她怀抱一个眼神成熟、手与眼都朝向天空的婴孩，侧身望着将华丽珠宝举到她身前的小丘比特。卷起的华丽长袍、不平衡的对角线构图、强烈的卡拉瓦乔式对比、细节处闪闪发光的金属……都展现出武埃出色成熟的巴洛克装饰风格。而丰足来自哪里？画面左边被丘比特举起的珠宝、散落地面的器皿和饰物都代表了世俗的丰足，而右边那个手眼都朝向天空的孩子则告诉观众，精神的富足来自上帝，他统领着一切。女人对孩子的态度表明了一切，精神的富足是最重要的，但世人常被世俗的丰足吸引，对两者的平衡才是真正的考验。这种通过对神话或宗教题材的借用来传达警世忠言或为王朝歌功颂德的方式，深得统治者的欢心，而武埃绘画本身的丰满和欢愉也让他被戏称为“法国的鲁本斯”。

《手持歌利亚头颅的大卫》

David with the Head of Goliath

作者 \ 奎多·雷尼（Guido Reni，1575—1642 年）
时间 \ 约 1604—1605 年
材料 \ 布面油画
尺寸 \ 237 厘米 × 137 厘米

《圣经》记载，非利士人的勇士歌利亚带兵进攻以色列，他身躯庞大且拥有无穷的力量，所有以色列人看到他都无限恐惧而不敢应战。连续四十天，歌利亚每日两次向以色列人请战，要通过一对一的决斗来决定战役的胜负。年轻的大卫为出征的哥哥送饭，听见了歌利亚的叫嚣，勇敢应战。“蒙爱者”大卫是耶和华挑选的受膏者，迎战时他拒绝了当时以色列国王扫罗提供的战衣，从溪中挑选了五块光滑的石子，用弹弓射击歌利亚的额头。被击中的歌利亚伏地倒下，随后大卫从歌利亚的刀鞘中拔出尖刀，割下了他的头颅。作为天选者的大卫在日后建立了统一强盛的以色列国。

奎多·雷尼的这幅《手持歌利亚头颅的大卫》既没有表现战争的残酷与激烈，也没有宣扬英雄的骁勇与智慧，而是描绘了大卫的优雅与超然。画面中没有悲剧性的情感，只有抒情性的迷离。英雄的姿势表现出纨绔子弟般的随意性情，他戴着浮夸的、插着长长羽毛的红色帽子，他的身体被清冷的月光照亮，由肩及腰被毛皮装饰的华丽斗篷衬托着胜利者青春的身体，柔和的光线和厚重阴影的组合也再次定义了这个视觉的核心。大卫的左手揪着歌利亚的头发，他正凝视着巨人硕大的头颅。战斗已经结束，而那戏剧性的争斗时刻便只能融入回忆，成为弥漫于整个空间的冥想了。

出生在博洛尼亚的奎多·雷尼是 17 世纪意大利的巴洛克画家，这件“大卫和歌利亚”主题的创作让雷尼在当时获得了巨大的成功。除去卢浮宫的这个版本，在欧洲各地的多座博物馆中都还可以看到它的复制品。

《音乐会》

The Concert

作者 \ 瓦伦汀·德·布伦（Valentin de Boulogne，1591—1632 年）
时间 \ 约 1622—1625 年
材料 \ 布面油画
尺寸 \ 173 厘米 × 214 厘米

瓦伦汀·德·布伦来自法国北部的一个画家家族，他的父亲、叔叔都是画家。自幼接受父亲的绘画训练后，他前往巴黎并转赴意大利进修。在意大利学习期间，瓦伦汀深受当时激进的卡拉瓦乔主义的影响，拒绝虚幻的宗教想象。即使是表现宗教题材，瓦伦汀也仍将现实主义的处理自然地融入画面。卢浮宫所藏的这幅《音乐会》正是瓦伦汀这类创作的典范。

音乐会发生在一个布色沉闷的室内，这里有乐师、士兵、赌徒、吉卜赛女人、小孩和酒鬼。这个看似热闹的空间中的每一个人都看向不同的方向，他们没有实质性的交流，似乎都沉浸在自己的世界中。瓦伦汀用他最擅长的黑色画出浓重的阴影，人物的忧郁性格和戏剧性的光影形成强烈对比。这些人穿着朴素，昏暗的光线和空荡荡的房间暗示出这是一间底层的小酒馆——显然，艺术家在这里展现了底层人民生活的某个侧面。在瓦伦汀的作品中，我们可以清楚地看到卡拉瓦乔的戏剧风格在 17 世纪初对欧洲绘画产生的革命性影响，但画家特有的忧郁、神秘和诗意的氛围使其有别于卡拉瓦乔。

瓦伦汀展现的朴素的音乐会是 16 世纪 20 年代的新流行。此时关于音乐会主题的绘画与之前发生了明显的变化，尤其在罗马的圈子里，这种表现底层酒馆和某些特定公共场所的音乐会，渐渐取代了有教养阶层的精致的室内演奏会。直到 16 世纪 30 年代，这种质朴的现实主义音乐会主题才开始慢慢过时。瓦伦汀喜欢音乐家和酒鬼的主题，他一生中大量的小酒馆作品非常明确地展示了他的偏好，也展示了这一题材绘画的变化趋势。

《方片 A 的作弊者》

Cheater with the Ace of Diamonds

作者 \ 乔治·德·拉·图尔（Georges de La Tour，1593—1652 年）
时间 \ 1635 年
材料 \ 布面油画
尺寸 \ 106 厘米 × 146 厘米

《方片 A 的作弊者》表现的是 17 世纪 30 年代流行的小酒馆题材，来自洛林公国的画家拉·图尔延续了这类题材由卡拉瓦乔“定下”的范式：光影、布局和风俗性，却在严格的几何构图和对人物强有力的塑造方面超越了卡拉瓦乔。

在卡拉瓦乔的时代，这样的小酒馆被表现得平庸或简陋，但拉·图尔天才般地将那粗鄙的场景带到了令人惊讶的、愉悦的甚或是崇高的状态中。画面中，正面端坐的着装考究的女人正与她右侧倒酒的女仆交换信息，女仆警惕的眼神看向最右边老实巴交的紧张少年。这个富有的少年双手紧攥着纸牌，下垂的双眼表明他正在思考，全然不知周围人的状况，而画面左边的青年藏在身后的手交代了他换牌的恶意行径。画中的骗子、无赖和受骗者的装扮展现了艺术家通过考究、鲜明的细节来呈现讽刺性场景的执着，道德败坏的作弊行为在精美的服装、拘谨的动作、狡猾的眼神甚至浮夸的头饰下更加强了令人钦佩的视觉张力。这是卡拉瓦乔赌博场景的“别致”版本，但在道德方面它显得更加险恶，气氛上则更加迷人和滑稽。拉·图尔单纯简洁、一目了然的绘画风格，与许多拥有烦琐背景的作品相比，显现出一种非凡的表现力，即能够于简单中见真知的卓越的洞察力。

拉·图尔在世时便名利双收，但关于他具体的生平和经历至今仍不明确，确切知道的只有他的出生和死亡，以及关于他婚姻的部分状况（他娶了一位有着丰厚嫁妆的、名门望族的独生女）。拉·图尔死后便被世人遗忘，直到 20 世纪才因其极具个性的绘画被再次确认为 17 世纪极为重要的法国画家之一。

《1622年还愿画》

L'Ex-voto de 1662

作者 \ 菲利普·德·尚帕涅（Philippe de Champaigne，1602—1674 年）
时间 \ 1662 年
材料 \ 布面油画
尺寸 \ 165 厘米 × 229 厘米

尚帕涅是法国国王路易十三的首席画家，这幅《皇家港口的两位修女》描绘的是发生在画家女儿身上的奇迹。尚帕涅的女儿凯瑟琳是巴黎一间修道院的修女，她在 26 岁时得了一场重感冒，导致双腿染病而瘫痪了十四个月。后来在修道院院长杰奎琳·阿诺德（Jacquelin Arnauld）虔诚的祈祷下，凯瑟琳奇迹般地康复了。出于感激，画家画了这幅具有神秘色彩的作品，画中表现的正是奇迹发生的时刻。修道院院长阿诺德在蒙恩的年轻修女前祷告，神圣的光洒向她祈祷的双手，椅子上少女的眼睛看向上方。画面左边的阴影中是画家记录神迹的文字。

冷静、克制和理性是尚帕涅这件作品的显著特征，也显示出他所受到的 17 世纪 40 年代广泛流行的詹森主义（Jansenism）的深刻影响。詹森主义是一场罗马天主教改革运动，创始人詹森认为教会的最高权力不应该属于教皇，而应该属于"公议会"，同时他也反对天主教教皇的荒淫。因此，詹森主义很快就获得了广泛的支持与接受，画中为凯瑟琳祈祷的修道院院长阿诺德就是詹森主义在当时最坚定的支持者之一，她带领修女们过着谦卑俭朴的生活，以牺牲和奉献精神而闻名。同时，詹森主义还强调，神在创世之前就已经预定了要得救的人，如果没有神的恩典与拣选，靠人的努力永远不可能得到救赎。显然，尚帕涅的女儿凯瑟琳就是这蒙恩的、要得救的人。神听到了祈祷的声音，于是恢复了她的健康。詹森在法王路易十四即位后被赶出了法国，他的影响也渐渐消失。

这幅简朴含蓄的《皇家港口的两位修女》是尚帕涅创作后期的经典，是在当时普遍流行的巴洛克主义背景下，虔诚的信仰与含蓄的法国古典主义的结合，具有独树一帜的个人风格。

Rembrandt. f.1645.

《以马忤斯的晚餐》

Supper at Emmaus

作者 \ 伦勃朗·哈尔曼松·凡·莱因（Rembrandt Harmenszoon van Rijn，1606—1669 年）
时间 \ 1648 年
材料 \ 木板油画
尺寸 \ 68 厘米 × 65 厘米

这幅画描绘了《路加福音》中的一段记载：当耶稣的尸体失踪后，耶路撒冷便流传开了关于他复活的传言。从耶路撒冷出发前往以马忤斯的两个信徒，在到达目的地后邀请了与他们在途中偶遇的陌生人共进晚餐。晚餐过程中，陌生人拿起面包，一边祝福他们，一边把面包分给他们。就在这一刻，两个信徒突然认出这个陌生人正是复活的耶稣。

伦勃朗的一生中有大量圣经题材的创作，但随着艺术家对宗教理解的深化，他对主题的选择也发生了明显的变化。17 世纪 30 年代，即伦勃朗创作的早期阶段，他喜欢使用《圣经》中更有乐趣的主题，例如参孙的故事。而在创作的中期，他转向了更冷静和亲密的话题，特别是圣家族生活中的插曲。从成熟期开始，伦勃朗绘画中的基督形象变得非常突出，耶稣的生平、他的说教和早年的神迹以及复活构成了伦勃朗这一时期圣经绘画的主题。这幅《以马忤斯的晚餐》正是伦勃朗成熟时期的经典的作品之一。

在这幅画中，伦勃朗运用感伤的现实主义风格再现了耶稣的形象。耶稣平静的面容被笼罩在光环里，他端坐着，两眼望向天空，双手下意识地分着面包。耶稣左侧的信徒撑在餐桌上的右手和流露出的惊讶神情，暗示他已经发现了耶稣的身份。上餐的年轻男孩还全然不知奇迹的出现。画面上没有喧嚣的舞台效果，伦勃朗让我们相信自己正在见证这一时刻，巨大的平静和魔幻的气氛让我们被人物最敏感的情感所暗示，被他们周围的光的神秘感所吸引，从而体会到场景中的神圣情绪。宏伟的建筑背景加强了结构感，强烈的空间起伏、突出的明暗对比和基督散发的温柔的光激活了灵性，他的身体散发出朴素的悲怆和温和的质感，没有什么能比伦勃朗这 17 世纪 40 年代的作品更戏剧化也更引人注目的了。

《吉卜赛女孩》

Gypsy Girl

作者 \ 弗朗斯·哈尔斯（Frans Hals，约 1581/1585—1666 年）
时间 \ 大约 1626 年
材料 \ 布面油画
尺寸 \ 58 厘米 × 52 厘米

《吉卜赛女孩》是弗朗斯·哈尔斯尤为著名的作品之一。作为荷兰黄金时代最出色的肖像画家之一，哈尔斯在这件尺幅不大的作品中，展现出了 17 世纪荷兰绘画蓬勃的生命力。画中洋溢的热烈气氛、荷兰人的乐观主义和蒸蒸日上的社会风气，都是新教改革下的荷兰社会最崭新的成果。

画面中，哈尔斯选取了半身近景的构图方式，这也是他最偏爱的肖像画构图方式。他将视觉的重心放在了女孩的面部，特别注意了面部表情的呈现，以此来展示吉卜赛女孩无拘无束的性格和轻松欢乐的心理状态。女孩饱满红润的脸蛋、不矫揉造作的身姿和似乎无拘无束的动作，都展示着哈尔斯天才般的绘画表现力，他轻快潇洒的笔触仿佛可以如相机般迅速捕捉对象瞬间的表情，定格她最生动的姿态。的确，与那个时代的大部分画家不同，哈尔斯从未对卡拉瓦乔式的人造光所塑造的戏剧性明暗效果着迷，从未让他的模特穿着某种特定的服装，也从未给观众留下模特是在画家的工作室摆姿势的印象。他总是让观众相信，他们看到的就是生命中最朴素真实和转瞬即逝的时刻。

哈尔斯选择的吉卜赛女孩来自于 17 世纪二三十年代最流行的音乐家、酒鬼、演员等组成的小酒馆题材。这种亲切的、描绘日常的绘画在经历了新教改革后的民主荷兰非常受欢迎。当时的荷兰中产阶级偏爱肖像画、风景画和风俗画，反倒是对一直占据主流的历史画的需求逐渐减少。原因在于，这些沉浸在实用主义气氛中的务实的荷兰人，希望在图画中再次欣赏他们生活的殷实以及生活和宴饮的奢华。哈尔斯带有强烈风俗画特征的肖像正是对这类新需求最完美的回应。

Frans HALS

《花边女工》

The Lacemaker

作者 \ 约翰内斯·维米尔（Johannes Vermeer，1632—1675 年）
时间 \ 1669—1670 年
材料 \ 布面油画，后转移至木板上
尺寸 \ 24 厘米 × 21 厘米

《花边女工》是维米尔的一幅小尺寸画作，对瞬间情景的捕捉、对女工神情的展现以及对光线和构图的精妙塑造，营造出对观赏者的邀请：请俯身细看这个神情专注的女工。

在维米尔一生不多的创作中，这是一幅与众不同的作品。与画家那些沉思式的人物相比，这里正专注工作的女工让画面的气氛显得更加活跃。与此同时，女工处于前景的构图，也与维米尔其他远距离观看的视觉安排截然不同。在维米尔大多数的绘画中，他总是在视觉的最近处安排上窗帘或家具，以此拉开观众与人物的距离。因此，在这幅浅景深的作品中，观众产生了强烈的情感参与的愿望，也被鼓励着去探索那些更细微和巧妙的中间地带。

花边女工闭合的身体姿势显示着她正全神贯注地投入工作。在心理上暗示着强烈情绪和动态的黄色，增强了观众对女工努力工作的状态以及工作强度的认知。形式的对比也使图像更加生动。例如她紧握的丝线与前景中蓬乱流畅的红白线之间的对比，以及女工的发型、紧紧梳起的前额发和搭于肩处散开的卷曲发尾，都表达了她本质上的天性——可爱和天真。此外，女工精细的工作状态也通过被自然光照亮的前额、鼻尖、嘴唇和她的指尖清晰地表现出来。前景中斑驳的漫射光点，其视觉形式应该是通过厢形暗箱的观察得到的。同时，通过对暗箱技术的使用，维米尔也形成了这种与古典不一致的、似乎是非正式的却又极其真实的构图特点。

当时的荷兰绘画将勤劳描绘为家庭美德的寓言，而维米尔更是通过对创作行为本身的关注而非对蕾丝手工艺品的强调，成功地将瞬间定格的劳动者形象转变成永恒的真理。

《天文学家》

The Astronomer

作者 \ 约翰内斯·维米尔
时间 \ 1668 年
材料 \ 布面油画
尺寸 \ 51 厘米 × 45 厘米

维米尔的《天文学家》与现存于法兰克福施塔德尔艺术馆（Städelsches Kunstinstitut）的《地理学家》（*The Geographer*）是一组作品。在 1720 年、1729 年和 1778 年的三次拍卖中，这两幅作品都是捆绑出售的。直到 1797 年，它们才在阿姆斯特丹举行的一场拍卖中被拆开。这是维米尔一生中唯一的表现学术追求的男性题材，可能来自当时科学革命背景下对天体学或地理学感兴趣的、有品位的时尚赞助人的委托。

在《天文学家》中，天文学家的左手撑着书桌，右手触摸着天体仪，他的胸前摆放着一本摊开的书籍。显然，他正通过阅读来逐一深入地研究天体。透过窗户洒入室内的柔和光线，与天文学家倾斜的手掌、衣袍上的投影形成了隐藏的对角线，这条潜在的对角线与他身后柜子的投影形成平行的呼应。如此不明显的平行呼应结构在维米尔的这幅作品中反复出现，画家通过缜密的逻辑思考，在对画面进行理性分割的同时也为作品带来了特有的平衡与优雅。

室内的后墙上挂着由彼得·莱利（Peter Lely）所画的《发现摩西》（*Finding of Moses*）。摩西的发现与天意相关，而天文学家精神求索的成果是否也需要天启的瞬间？除此之外，墙上的绘画作品很可能在更多的方面与作品的意义相关。熟悉埃及所有智慧的摩西曾带领希伯来人走出埃及，他常被认为是最古老的地理学家。而对当时的新荷兰人来说，刚刚独立的尼德兰联省共和国犹如新的地理发现，是当代的应许之地。

对 17 世纪的学术工作室和科学用具的展现，尤其对科学仪器精准的引用——例如画中的天体仪显然来自约道库斯·洪第乌斯（Jodocus Hondius），都在维米尔的塑造中呈现出令人好奇的神秘气氛，从而将科学家的职业提升到了灵性的层面。

《圣文德遗体展示》

The Lying-in-State of St Bonaventura

作者 \ 弗朗西斯柯·德·苏巴朗（Francisco de Zurbarán，1598—1664 年）
时间 \ 1629 年
材料 \ 布面油画
尺寸 \ 245 厘米 × 220 厘米

一生从未离开过西班牙的苏巴朗，出生在贫苦的农民家庭。16 岁时，喜爱画画的他被父亲送到塞维利亚追随一位专事木雕的工匠学艺，后来又在画家佩德罗·迪亚兹·德·维拉纽瓦（Pedro Díaz de Villanueva）那里当了三年学徒。1630 年，苏巴朗进入西班牙宫廷效力，与委拉斯贵支一起，为费利佩四世工作。不喜欢喧嚣城市生活的苏巴朗最终告别城市回到了安静的乡村，像一个修道士那样生活，在乡野间安贫乐道地度过余生。正因如此，苏巴朗的作品主要描绘的是寂静的僧侣世界，也因其虔诚的宗教绘画而蜚声画坛。

这幅《圣文德遗体展示》是“圣文德生平”组画系列中的一幅，组画共四件，最初被安放于塞维利亚圣文德方济各学院教堂（The Church of the Franciscan College San Buenaventura），是教堂的装饰，由塞维利亚的宗教团体委托制作。

在这幅作品中，圣人身穿主教的亮白色长袍，双手合十，紧握十字架。圣人的尸体安详地躺在一个铺着华丽锦缎的棺材上，脚下是其出任红衣主教时佩戴的红帽。1273 年任命他为阿尔巴诺枢机主教（Cardinal Bishop of Albano）的教皇格列高利十世（Pope Gregory X）站在国王身旁，这位白胡子男子似乎正在向国王介绍死者的功德。围绕着圣人的大多数哀悼者都是穿着朴素的方济各会僧侣，他们穿着典型的灰褐色服饰，或沉思或祈祷或冥想，他们平静且冷淡苍白的面孔似乎也反映了方济各会一贯的沉闷。圣文德，这位伟大的学者和教团管理者，被安排在教会、世俗权力的代表、朴素的方济各兄弟会所组成的群像之间。这就是苏巴朗所描绘的：这位被束缚在现实生活中的圣者，即使在死亡的时刻，脸上也呈现出对神学和对信仰的笃定。

《小乞丐》

The Young Beggar

作者 \ 巴托洛梅·埃斯特班·穆里罗（Bartolomé Esteban Murillo，1618—1682 年）
时间 \ 约 1645—1650 年
材料 \ 布面油画
尺寸 \ 134 厘米 × 110 厘米

出生在塞维利亚的画家穆里罗是西班牙黄金时代三位大师中最年轻的一位。起初，他师从巴洛克画家胡安·德尔·卡斯蒂洛（Juan del Castillo），后来受到苏巴朗和里贝拉的影响。25 岁时，穆里罗前往马德里，并在那里见识了更多的古代经典，他尤其推崇的是同时代的绘画大师委拉斯贵支。两年后，穆里罗与贝亚特丽兹·卡布莱拉（Beatrice Cabrera）结婚，妻子为他生了好几个子女。一生顺遂且家庭幸福的穆里罗总是有很多的画作订单，他受到塞维利亚人持久的喜爱，被誉为“塞维利亚的拉斐尔”。

这幅画来自穆里罗职业生涯的初期，展示了他所擅长的街头顽童、乞丐和流浪汉题材的一类经典场景。他关心风俗轶事，而不是单一的或群体的肖像。穆里罗观察的真诚和表现的活力使他成为那个时代极杰出的画家之一，黄色、赭色和棕色的使用也纯粹地延续了西班牙“暗色调主义”（Tenebrism，源自意大利语 tenebroso，意为黑暗、阴沉、神秘，大面积暗调是画面的主要特征）的传统，对后来的库尔贝、马奈和莫奈等画家产生了持久的影响。

《小乞丐》是穆里罗最有名的风俗画。在这幅为方济各会创作的作品中，画家生动地描绘了一个衣衫褴褛、正在捉虱子的小男孩儿，他的神情严肃且专注，小脚丫的底部满是泥土，显而易见是个流浪街头的乞丐。小乞丐的身后是废墟般的简陋房舍，这里可能是他临时的栖身之地。地面上散落的苹果碎块和红色碎片或许是他从各处讨来的食物。画面的左下角是一个与委拉斯贵支的名作《塞维利亚的卖水人》（*The Water Carrier of Seville*）中如出一辙的塞维利亚水罐。作为塞维利亚画派的代表画家，穆里罗在 17 世纪中后期延续了来自马德里的现实主义传统，却与经济衰退、古典主义逐渐抬头的马德里绘画圈表现出了不同的艺术追求。

DAMIHI ELIMO
SINAM PROPTER
REM DEI

《跛足者》

Clubfooted Boy

作者 \ 胡塞佩 · 德 · 里贝拉（Jusepe de Ribera，1591—1652 年）
时间 \ 1642 年
材料 \ 布面油画
尺寸 \ 164 厘米 × 94 厘米

里贝拉与苏巴朗、穆里罗和委拉斯贵支并称为西班牙黄金时代最伟大的画家。他出生在西班牙的巴伦西亚，少年时便随父亲去了意大利，后长期定居在那不勒斯。这位矮个子的西班牙画家凭借自身的天赋与努力，在 25 岁时成为那不勒斯总督的宫廷画家，被喜爱他的当地人称为“小西班牙人”。

里贝拉带有风俗画特征的肖像画是其一生创作中最有特色的部分，这幅完成于那不勒斯的《跛足者》就是此类作品中的代表。在这一类型的作品中，里贝拉不再描绘对上帝的赞美和虔诚，而是去表现普通人的自尊和勇气。他从自身的善良和同情心出发，描绘了当时底层民众的朴实和力量。

在这幅《跛足者》中，处于视觉中心的男孩儿骄傲自信地站在一片广阔的风景中。他穿着棕色的衣服，赤着脚，扛着拐杖，脚部的残疾显而易见。男孩儿以一种经验老道又自信满满的轻松目光直视观众，在那张超出年龄的早熟的脸上，他露出了标准的笑容，这个可怜却乐观的家伙手上拿着一张小纸条，上面写着：“看在上帝的份上，请给我施舍。”人物身后充满阳光的宁静风景更衬托出男孩儿笑容背后刻意隐藏的悲伤和孤寂，进而强化了观众情绪上的忧伤。

这是一幅表面看来轻松却粗暴残忍的图像，里贝拉天才般地将所有的矛盾因素自然地并置在了这个纪念碑式的图像中。它是明亮的也是黑暗的，是朴素的也是粗野的，是美好的也是屈辱的，是轻松的也是痛苦的。正因如此，有评论家认为里贝拉的画是“丑陋的诗歌”。

《路易十四肖像》

Portrait of Louis XIV

作者 \ 亚森特 · 里戈（Hyacinthe Rigaud，1659—1743 年）
时间 \ 1701 年
材料 \ 布面油画
尺寸 \ 277 厘米 × 194 厘米

亚森特 · 里戈是路易十四时期最伟大的宫廷肖像画家，他在 1701 年完成了这幅太阳王 63 岁的官方画像。此时的路易十四正处于其专制统治的巅峰时期，他亲手缔造了自己在法国历史上最伟大的形象和超高的名气，并通过政策的变革将绝对君主制一直延续到了法国大革命时期。

在图像史中，路易十四这幅最著名的肖像被普遍地视为专制统治者肖像的缩影。它不仅仅代表了权力与浮华，还由此创造了一个与奢华厚重的帷幔和华丽貂皮衬里长袍相呼应的视觉框架。镶着金线暗纹的红色帷幔暗示了高贵的主题，而同样以金线钩织的波旁家族的鸢尾花，在国王身穿的蓝色天鹅绒锦缎上、在国王身后的巴洛克风格手扶椅的内饰上、在放着王冠的软垫和桌布上，都醒目地重复出现。显然，国王和观众们都清楚地知道是谁奠定了这一切的基调。

路易十四身着加冕的大袍，在红色帷幔后巨大的大理石石柱的衬托下显得身材高大。由下及上的视角再次从视觉上拉长了国王纤细的腿和他的身高，体现出站姿的挺拔。此时的国王似乎正优雅地将头慢慢转过来，并将注意力投向画外。路易十四的脸上展现着难以接近的冷淡，这种心理距离的产生并不是建立在古典传统理想化的基础上，而是建立在真实且坦率地对衰老和平庸外貌的表现中。国王的嘴唇紧闭，带着些许讽刺的意味，他的眼中有着刺眼的黑色光泽，狭窄的鼻子则暗示着他并不宽容的性格——这是一位非善也非恶，但又超越了所有道德范畴的统治者。同时，里戈在肖像画方面的完美技艺也从他对国王面部细微表情的刻画上展露无遗。

《爱神将赫拉克勒斯的棍棒削成弓箭》

Cupid Making a Bow out of the Club of Hercules

作者 \ 埃德姆·布沙东（Edme Bouchardon，1698—1762 年）
时间 \ 1747—1750 年
材料 \ 大理石
尺寸 \ 高 173 厘米

布沙东的作品带着明显的古典主义倾向，被认为是法国古典艺术复兴的重要代表。他于 1698 年出生在法国，曾就读于巴黎皇家绘画与雕塑学院，后成为法国皇室雕塑家并在卢浮宫开设了个人工作室。

这件《爱神将赫拉克勒斯的棍棒削成弓箭》的大理石雕塑，塑造了少年爱神丘比特的形象——淘气的丘比特从半人半神的英雄赫拉克勒斯那里偷走了他的棍棒和他引以为傲的狮皮披肩等物品。天生神力的赫拉克勒斯是宙斯与底比斯国王的妻子阿尔克墨涅所生的儿子，他曾手持棍棒完成了三项“不可能完成”的任务，其中就包括打死阿尔戈斯地区的巨狮。胜利后的赫拉克勒斯用巨狮的利爪割下狮皮披在自己的身上，后来这件狮皮就逐渐成为他独特的身份标志。在这件作品中，得意扬扬的丘比特正将大力神的棍棒做成一把弓，他双腿骑在赫拉克勒斯的盾牌上，狮皮搭在上面，脚跟处是英雄的头盔。爱神偷走英雄的武器，这一题材在古典的绘画和雕塑中并不少见，它常常寓意着爱情对暴力的征服，一切的争端都可以在爱的调停下得到解决。

1750 年，这件雕塑第一次在凡尔赛宫的赫拉克勒斯厅展出，丘比特矫饰主义的大幅旋转姿态和现实主义的外形让习惯了浮夸风格的国王和王室都无法接受，因此这件作品一开始并未受到青睐，而是被挪放到了其他地方。《爱神将赫拉克勒斯的棍棒削成弓箭》的遭遇并没有让布沙东放弃对古典主义的兴趣，他对古代雕像的兴趣远大于巴洛克艺术，并不断地用作品来抗议那个时代固执的审美，努力地在古典传统和时代生活中找到完美的平衡点。

《舟发西苔岛》

Pilgrimage to Cythera

作者 \ 让—安托万·华托（Jean-Antoine Watteau，1684—1721 年）
时间 \ 1717 年
材料 \ 布面油画
尺寸 \ 129 厘米 × 194 厘米

作为 18 世纪极具影响力的画家，华托在这幅《舟发西苔岛》中开创性地展现了洛可可风格所独有的优美抒情以及富有哲理的浓郁之爱，并开创了“风雅的游园集会”，即“雅宴绘画”这一类型创作的典范。

1712 年，华托被接纳为皇家绘画和雕塑学院的会员，为此他需要提交一件作品。华托在当年的 1 月份收到了提交作品的指令，却最终在漫长的六年之后，即 1717 年 8 月 27 日，才最终提交了这件一经展示便获得巨大成功的油画——《舟发西苔岛》。

《舟发西苔岛》表现了广阔的自然风景中，身着华服的一对对贵族男女正准备乘船前往西苔岛的情景。西苔岛是希腊神话中爱神与诗神游乐的岛屿，传说在这片爱神栖居的圣地，爱情永不落幕。画家天才般地将画中众多的人物有节奏地分组排列，近景处是三位女士与她们的恋人，她们或坐或蹲或站，在与爱人的嬉闹中，成双结对地准备前往爱情的圣地。恋人们的动向引导着观众的视线，随着前排男女的行动，观众的目光被引向小丘下的情侣，以及那渐渐消失于丘陵后的情侣们。画面的最右边是象征情欲的普里阿普斯（Priapus）雕像，最左边是悬空盘绕的爱神以及准备开往西苔岛的船只。情欲与爱情相呼应，在一组组人物间窜起流动的时间曲线，与安谧寂静的风景形成完美的互动。自中世纪以来，爱情一直是法国诗歌中的传统主题，而在 18 世纪伊始，“前往西苔岛”这一题材便开始在众多的芭蕾舞剧和歌剧中反复出现。

华托对洛可可风格的塑造不仅限于主题和形式，他那碎片状的、釉质的、涂得很薄的、几乎没有撞击感的笔触和笔法更是让人印象深刻。在这片迷人的风景中，其画法还展现出对意大利的回忆，画面的总体氛围是威尼斯式的，而那远处蓝色雾霭中的山脉甚至让人想起文艺复兴时期的达·芬奇。

《皮埃罗》又称《吉尔》

Pierrot，Gilles

作者 \ 让—安托万·华托
时间 \ 约 1718—1719 年
材料 \ 布面油画
尺寸 \ 185 厘米 × 150 厘米

《皮埃罗》是华托在其短暂的生命中为世人留下的一件令人难忘的杰作。画中的皮埃罗是风行 18 世纪欧洲的意大利即兴喜剧中的人物，也是其中最具代表性的角色。华托借用这个流行的角色来超越自己在《舟发西苔岛》中所塑造的视觉神话——不是进入更深的梦境，而是更接近于现实。

穿着小丑服的皮埃罗被表现为充满孤立感的奇怪人物，过长的衣袖和过短的裤子都突显着他的笨拙。虽然这不是一幅自画像，但自我认同的感觉非常强烈，还带着令人心酸的情感。皮埃罗双臂下垂地站在观众面前，向上的视角增强了沉重和凝滞的气氛。绸缎质地的白色服装散发出银色的光泽，月亮形状的帽子围绕着生动而庄严的脸庞——这是一个神秘、精致、端庄而脆弱的矛盾角色。

背景中是皮埃罗在剧中的四个伙伴：头戴鸡冠帽的雷昂德若斯（Leandros）；他的左侧是脸颊红润的伊莎贝拉（Isabella），在戏剧中她常常引诱皮埃罗，是一个诡计多端的情人；伊莎贝拉的身边是身着火红色服装的梅泽蒂诺（Mezzetino），一个好斗的角色。他伸手拉住皮埃罗右脚跟后的拴驴绳，驴的背上驮着面露诡异笑容的神秘人物。

与后面活泼的面孔相比，前景中皮埃罗所表现出的尴尬和缺乏活力显得更加明显。前面的个体和身后的群体之间似乎是隔绝的：在皮埃罗被孤立的时候，朋友们反而更加活跃；在他不苟言笑的时候，伙伴们反而玩得更加开心；皮埃罗直视着观众，却同时被定格为一个自我封闭的瞬间。画面的情绪显得复杂而令人费解——它似乎不是一个开场白，而是一个尾声，是一种沉默，一种让人热泪盈眶的沉默。

《沐浴后的狄安娜》

Diana Resting after her Bath

作者＼弗朗索瓦·布歇（François Boucher，1703—1770 年）
时间＼1742 年
材料＼布面油画
尺寸＼57 厘米 × 73 厘米

布歇是继华托之后将洛可可风格发挥到极致的画家。他在作品中所展现出的绘画的优雅和形式的纯净，让所有关于艺术的争论和异见都趋于平静与和谐。在略带金色的暖调中，布歇将对象的丰姿、照人的光彩、高雅的趣味和优雅的性感表现得淋漓尽致。他的才智以及作品中强烈的欢乐气息，让他成为蓬帕杜夫人最赏识的宫廷画家、法国美术院的院长和那个时代最受欢迎的天才。

1742 年，《沐浴后的狄安娜》首次在沙龙展出便引起轰动，甚至被后人公认为布歇表现人体最精彩的杰作。画中的狄安娜正在享受沐浴后的欢愉，她那泛着微光且热气微蒸的身体表明她刚刚结束了热腾腾的沐浴。一束刻意的暖光打在狄安娜和她的侍女身上，暖光下的身体与铺在她身下的蓝色绸缎形成了鲜明的色彩对比，让观众的目光难以从狄安娜那红润细腻的身体上移开。在描绘人体方面，布歇有着与生俱来的天赋，他常常借用神话中的女神来表现田园诗景观中的娇艳女性。也因此，这些从遥远故事中走出的女人们可以坦荡地展示她们迷人的身姿，不至于让敏感的观众们产生道德上的谴责。

狄安娜是罗马神话中的月神和狩猎女神，她额头上的弯月形装饰表明了她的身份。狄安娜热爱山林间的生活，常常手持弓箭，在众仙女的陪伴下狩猎嬉戏。同时，她也是一名以贞洁著称的女神，不仅终身保持自己的贞洁，而且不允许身边的侍女有不洁的行为。这个热衷狩猎的美丽且野性的女性形象一直深受法国宫廷的喜爱。布歇画中优美的裸体和狩猎的主题自然让人回忆起弗朗索瓦一世时代的枫丹白露画派，并让这一经典的视觉图像在 18 世纪发展出了新的风貌。

《浴女》

The Bathers

作者 \ 让—奥诺雷 · 弗拉戈纳尔（Jean-Honoré Fragonard，1732—1806 年）
时间 \ 1763—1764 年
材料 \ 布面油画
尺寸 \ 64 厘米 × 80 厘米

弗拉戈纳尔是洛可可时代的最后一位大师，也是那个时期极为多产的画家之一。他的作品广泛地表现了那些或轻松或轻浮的主题，他对女性美独到的描绘也使他成为那个时代的宠儿。

雄健的巴洛克风格在太阳王去世后逐渐失势，继任的“宠儿路易”荒诞无度，拥有众多的情人，弗拉戈纳尔最重要的赞助人就是路易十五的著名情妇杜巴丽夫人（Madame du Barry）。国王偏好年轻的女孩儿，夫人喜欢充满愉悦和浮华格调的事物，他们的趣味左右了当时的审美，使炫耀、奢侈、轻艳的洛可可风格成为压倒一切的艺术风尚。弗拉戈纳尔这轻快优雅且不失性感的作品正是对这一趣味最杰出的概括，是田园诗般的“爱”的世界。

这幅《浴女》是弗拉戈纳尔女性题材中的经典。他通过异想天开的叙述、流畅的形式和柔和的色彩，呈现出感性放纵的景观。画面中女人们的欢乐与嬉戏展现出一种无法抑制的情绪，在富于动感的笔触和戏剧性的构图中，女人的身体似乎同云朵与树木形成了节奏上的共振。视觉的中心是那似乎浮于空中的少女的柔软腹部，在她舞动的双臂和空中刻意弯曲的树枝的双重引导下，观众的目光被带向左下角横卧的女人体上，她的回眸再次回应了这种潜在的视觉联系。横向侧卧的女人微微翘起的臀部线条，与背对观众的裸女的左腿关联起来，于是观众的视线再次被引向她性感的背部以及这背部一侧嬉戏打闹的少女们，最右侧少女的棕色皮肤几乎与弯曲的树木融为一体，视觉的循环在这一刻完满达成。令人目眩激荡交织的视觉感受在弗拉戈纳尔天才般的处理中悄然实现。

《供货商》

The Provider

作者 \ 让 · 西梅翁 · 夏尔丹（Jean Siméon Chardin，1699—1779 年）
时间 \ 在 1739 年沙龙上展出
材料 \ 布面油画
尺寸 \ 47 厘米 × 38 厘米

18 世纪的法国画家夏尔丹以静物画和以厨房女佣、儿童以及家庭活动为主题的风俗画闻名。他的作品体现了当时新兴市民阶层的美学理想——朴实严谨、平和亲切。他的绘画构图稳定，常常使用土壤般的温暖颜色，将散射的光线、物体的质感和轮廓表现得温润而精美。在那个洛可可风格普遍流行的时代，夏尔丹仍然获得了广泛的赞誉。他是皇家绘画和雕塑学会的成员，参与了枫丹白露宫中弗朗索瓦一世长廊的修复工作，他还曾负责过巴黎沙龙画展，并在晚年成为王室的首席画家。

这幅《供货商》是夏尔丹厨房题材风俗画中的代表。衣着朴素整洁的供货商似乎刚刚走进房间，她提来的东西实在太多了，于是赶紧将左手的货物放到矮柜上。供货商健康红润的脸蛋、努力勤勉的姿态无不展示着当时新兴市民阶层女性美的理想，她们是勤劳质朴的，具有规矩、沉静和虔诚的美德。这间后厨干净而清爽，每一处细节都洋溢着居家生活的温情。在这个平凡简单的场景中，后厨的各种用具擦洗得干干净净，木柜、陶罐、金属的篦子、地面的玻璃瓶、门后的大水桶，它们的体积、纹理、质感以及发出的微妙光泽都被清晰地描绘出来。它们在空间中的存在感和重量感唤起了似乎可以触摸的、真实的生活感受，祥和宁静的气氛洋溢于画面，这不就是最普通的法国家庭日常生活中的一幕吗？夏尔丹唤醒了那个被洛可可风格过度充斥的真实内心。正如批评家狄德罗在其《画论》中谈到的那样：“看别人的画，我们需要一双经过训练的眼睛；看夏尔丹的画，我们只需好好使用自然给我们的眼睛就够了，因为他的画就是自然的美。”

《乡村订婚典礼》

—— *L'Accordée de Village* ——

作者 \ 让—巴蒂斯特·格勒兹（Jean-Baptiste Greuze，1725—1805年）
时间 \ 1761年
材料 \ 布面油画
尺寸 \ 92厘米×117厘米

在洛可可风格风靡法国的时代，格勒兹的绘画显得格格不入，他勇敢地表达异见：过度地美化生活，只会造成虚假的繁荣，艺术应当表现真实的生活，回归理性，杜绝放纵。他大胆地将古典主义的绘画技巧与风俗画结合起来，运用朴素的视觉语言进行道德的训诫，因而深受同时期启蒙思想家的称赞与敬仰，被称为18世纪法国绘画的“最高理想”。

这幅《乡村订婚典礼》是路易十五的情人蓬巴杜夫人的兄弟、国王建筑部的主管马里尼侯爵（le Marquis de Marigny）委托的作品。作品一经展出就获得了巨大的成功，让格勒兹成为当时巴黎最时髦和最受关注的画家，当时的沙龙专栏记者狄德罗认定这是一幅关于道德的绘画。

乡村订婚典礼发生在格勒兹最喜欢的室内——一个类似舞台的区域内，位于房屋的一角。参与订婚的人物在构图中呈半月形布局，以各人物的手为潜在的联系组合起来。画家格勒兹为了专注于人性的表达而尽量排除外在环境的干扰，尽可能地简化了场景。各个角色截然不同的面部表情和复杂情绪，都准确地展示出了他们对订婚时刻的个人态度。显然，这并不是一个团结的家庭，母亲和妹妹依依不舍，而她的姐姐们则因为羡慕而闷闷不乐。软弱而泪流满面的女性与右侧的三位男性形成了鲜明的对比：老父亲赞美女儿并规劝未来的女婿，严肃的年轻人正接受规劝，左手却紧紧攥着未婚妻的嫁妆；狡猾的农民公证人准确地记录着这一时刻，也证实了这场订婚典礼的合法性。通过对戏剧性家庭场景的描绘，以及通过对质朴的农民生活及其坦诚情感的表达，格勒兹的《乡村订婚典礼》为表达伤感情绪的绘画创作开创了独特的视觉叙事的典范。

《拿破仑一世皇帝的加冕礼》

Consecration of the Emperor Napoleon I

作者 \ 雅克—路易·大卫
时间 \ 1806—1807 年
材料 \ 布面油画
尺寸 \ 621 厘米 × 979 厘米

1804 年 12 月 2 日，拿破仑委托大卫创作了这幅大型作品，纪念他在巴黎圣母院举行的加冕仪式。这幅画于 1808 年在卢浮宫的方形沙龙展出，随后被放在了杜伊勒里花园。路易·菲利普一世统治期间，它被装饰在了凡尔赛宫一个帝国风格的房间中，1889 年又再次被转移至卢浮宫。

大卫似乎从鲁本斯的《玛丽·德·美第奇的加冕礼》（*Coronation of Marie de Medici*）中获得了他的构图灵感。根据画家的绘画习惯，在实际创作之前他还进行了大量的草图绘制和研究。大卫原本打算忠实地描绘这一事件：在加冕成为神圣罗马帝国皇帝的问题上，拿破仑与教皇庇护七世之间存在分歧，因此大权在握的拿破仑干脆在教皇在场的情况下上演了一出“自我加冕”的戏码。画家显然觉得在作品中如实呈现拿破仑的这种略显不敬的行为是不可取的，在反复权衡之后，精明的大卫画了拿破仑为皇后约瑟芬加冕的情形，而教皇在一旁进行了赐福。

围绕着祭坛的是拿破仑身边最亲近的政要：拿着查理曼大帝权杖的首席财务官勒布伦（Lebrun）、握着正义之手权杖的大法官坎贝·塞雷斯（Cambé cères）、帝国元帅贝希尔（Bertier）和身披红色及地披风的塔列朗（Talleyrand）。德拉罗什福科夫人（Madame de la Rochefoucauld）跟在皇后的身后，她的身后是皇帝的姐妹，还有皇帝的兄弟路易和约瑟夫。中央看台前面是一些元帅，坐在包厢正中的是皇帝的母亲梅耶尔夫人（Madame Mère），实际上她并没有出席仪式。热月政变后的法国资产阶级政权急切地需要一位伟大的领袖来凝聚他们已经取得的成果，这幅宏大的加冕礼无疑通过视觉上的“真实”确认了拿破仑权力的合法性，而大卫也出色地完成了他首席画家的使命。

《浴女》又称《瓦平松的浴女》

Baigneuse, The Valpinçon Bather

作者 \ 让·奥古斯特·多米尼克·安格尔（Jean Auguste Dominique Ingres，1780—1867 年）
时间 \ 1808 年
材料 \ 布面油画
尺寸 \ 146 厘米 × 97 厘米

安格尔是继雅克—路易·大卫之后最著名的新古典主义画家。虽然安格尔是大卫最出色的学生，但却表现出与老师不太一样的审美取向。大革命时期的大卫以借古喻今的方式表达政见并颂扬为革命献身的勇气与美德。波旁王朝复辟后的安格尔则对政治毫无兴趣，他高举新古典主义的旗帜，转向了与时代无关的远古神话和遥远的东方想象，在造型语言上追求纯粹的形式美，特别是在对线条的运用和探索上所取得的成就，将艺术的自律性和创作者的主观能动性推向了极致。

《瓦平松的浴女》原名《浴女》，后因瓦平松的收藏而获得了新的命名。这张画是安格尔 28 岁时创作的，当时他在罗马的法国学院学习绘画，在完成这件作品后，安格尔将其寄回了巴黎。完美的古典审美与拉斐尔式柔和的形式处理，塑造了安格尔对“绝对美”表现的经典。绿色的帘子旁边，交叉着腿的少女坐在松软的白床上，微黄的光洒在少女细腻柔和的肩背上。她的头部卷着白底红花的绸质头巾，暗示了迷人的东方情调。

画面构图中规中矩，却带有某种可以勾起微妙情绪的迷离气氛，半明半暗的光让浴女背部的色调细微地变化着、浮动着，引导着观众的视线在画面上愉悦地游走。帘子和床褥的褶皱衬托了女人柔和的肤质，后墙干净的灰调子在视觉上被推向远处，床单和头巾上的装饰花纹如乐曲中的和弦，发出娓娓动听的细颤音，似乎垂帘后的水声也若隐若现地传来。画面中没有强烈的视觉刺激，但典雅纯粹的美感表现和对想象力的最大激发却构成了该作品的特点。在画家晚年创作的《大宫女》和《土耳其浴场》中，我们会发现浴女的背影构成了所有东方想象的基础，并确立了安格尔式的美的理想。

INGRES (J. Auguste-Dominique) 1780-1867.
La Baigneuse.

《丘比特与普赛克》

Cupid and Psyche

作者 \ 安东尼奥·卡诺瓦（Antonio Canova，1757—1822 年）
材料 \ 卡拉拉大理石
尺寸 \ 高 155 厘米 × 宽 168 厘米

安东尼奥·卡诺瓦是新古典主义风潮中最具代表性的雕塑家，也是继米开朗基罗和贝尼尼之后最伟大的意大利雕塑家。

《丘比特与普赛克》是卡诺瓦极著名的作品之一。作品的故事来自罗马作家阿普列乌斯诗意的讲述：美丽的普赛克是丘比特的恋人，但丘比特的母亲维纳斯却嫉妒普赛克的美貌，于是便派普赛克到冥后珀尔塞福涅那里去取一个装有美貌的盒子。珀尔塞福涅嘱咐普赛克直接把盒子交给维纳斯，不要中途打开，但好奇的普赛克在返程的路上还是忍不住打开了盒子。结果，深深的困意让她倒在路边。找到普赛克的丘比特用吻唤醒了她，这件作品表现的正是这个瞬间。后来，在宙斯的调解下，丘比特与普赛克最终如愿地走到了一起，而他们的孩子就是沃路普塔斯（Voluptas），主管着人类和动物的快乐、愉悦和享受。

作品中，俯身的丘比特搂住横卧的普赛克，而刚刚苏醒的普赛克也凝视着自己的爱人。普赛克的环臂姿态与丘比特头颈的回应以及他弯曲的左臂共同强调了视觉的中心，而在这一组同心圆所构成的视觉中心，就是那唤醒了沉睡状态的吻。丘比特的左侧翅膀和他的右腿延续在同一直线上，而右侧的翅膀则与普赛克拉长的身体在另一条弧线上延长，这两条内在的线条构成了稳定且有张力的古典构图。

卡诺瓦将古典的形式与完美的爱情结合了起来。丘比特和普赛克的爱情在作品中被完美地转换，卡诺瓦也成功地将希腊神话中的爱情主题表现得淋漓尽致。人物轻盈的动作、优雅的姿态和细腻精致的细节让人仿佛忘记了雕塑的大理石材质，而这件雕塑也使卡诺瓦声名远播。

《梅杜萨之筏》

The Raft of the Medusa

作者 \ 泰奥多尔·热里科（Theodore Gericault，1791—1824 年）
时间 \ 1818—1819 年
材料 \ 布面油画
尺寸 \ 491 厘米 × 716 厘米

1819 年，年仅 28 岁的法国画家热里科在沙龙展出了他的这件《梅杜萨之筏》。画中混杂着希望、恐惧与死亡的浪漫主义气息震动法国，甚至波及整个欧洲。这幅花费了画家十八个月时间、气势宏大的作品，源于 19 世纪的一桩真实的社会丑闻。1816 年 7 月，法国政府巡洋舰“梅杜萨号”在西非发生了沉船事件。不幸发生时，船长带着部分贵族弃船逃生，剩下的船员和普通乘客只能靠临时捆扎的木筏求生。在缺少食物、水和指南针的情况下，历时十二天，幸存者从最初的约一百五十名到最后的十五人，这期间自相残杀的骇人新闻引发了当时法国社会各界的强烈愤慨。情绪激昂的热里科拿起画笔画下这幅抨击时事的伟大作品，画中对主观情感和想象的强调，对人的命运、生存欲望和人性的聚焦，也让《梅杜萨之筏》成为法国浪漫主义美术的宣言。

画中的色彩昏黄而单调，视觉的焦点处是手持布条的求救者，另一个明显的对象则是左面正承受丧子之痛的人，他背对着代表“希望”的求救者。木板上的斧头隐喻着自相残杀和吞食人肉的残酷事实。在传统的金字塔式构图中，热里科使这一充满着激烈情感爆发的戏剧性场面获得了庄严的纪念性效果。画家的好友欧仁·德拉克洛瓦在看完这件作品后深受启发，画出了《自由领导人民》。英国画家透纳也在看过这件作品后创作了如《奴隶船》等诸多以海洋灾难为题的浪漫主义作品。自此，艺术史上的浪漫主义风潮从法国波及整个欧洲，成为了改变时代的艺术现象。

《自由领导人民（1830年7月28日）》

Liberty Leading the People (28th July 1830)

作者＼欧仁·德拉克洛瓦
时间＼1830年
材料＼布面油画
尺寸＼260厘米×325厘米

这是德拉克洛瓦最著名的油画，也是法国大革命后不久的第一幅政治主题的绘画。它于1831年在巴黎沙龙上正式展出并引起轰动。画中表现了以七月革命中的工人、小资产阶级和知识分子为主体的革命者高涨的热情，那高举法兰西国旗的自由女神已经成为法国的象征。

《自由领导人民》讲述了一段史诗般的故事：一个女人为了伟大的事业而放弃了自己的传统生活，她带领着革命的市民踏着尸体奋勇前进。女人裸露的上半身体现了共和主义的社会美德：理性、独立、勇气与正义，她的形象后来还被印在了法国的邮票上，而官方的认可也使这件作品得到了更广泛的传播。这同时还是一件代表现代革命经典图示的作品，标志着浪漫主义抛弃了传统的灵感来源，让当代的生活扮演了更为重要的角色。

拿破仑于1815年下台后，逃亡在外的路易十八重返法国并复辟了波旁王朝。1830年7月，路易十八的继承人查理十世企图加强皇权的统治，进一步限制人民的选举权和出版自由，并宣布解散议会。1830年7月26日，巴黎市民起义。在7月27日至29日“光荣的三天”中，波旁王朝被推翻，查理十世逃亡英国。为了纪念这次壮举，勇敢的共和国卫兵德拉克洛瓦把自己画成了自由女神身旁头戴礼帽的青年。女神左侧那个挥舞手枪的少年，或许就是三十年后维克多·雨果《悲惨世界》中加夫罗契（Gavroche）的灵感来源。此后的戈雅、格罗斯、康斯太勃尔以及印象主义的画家们无不受到德拉克洛瓦的影响，而革命浪漫主义的艺术思想和尽情挥洒内心情感的创作方法也得以沿用至今。

《萨达纳帕勒斯之死》

The Death of Sardanapalus

作者 \ 欧仁·德拉克洛瓦
时间 \ 1827 年
材料 \ 布面油画
尺寸 \ 392 厘米 × 496 厘米

这是一幅受到浪漫主义诗人拜伦的悲剧《萨达纳帕勒斯》的启发而创作的同名作品，德拉克洛瓦在作品中创造了表现残暴、放荡、杀戮主题的典范。这件作品在 1828 年的巴黎沙龙展出时引起了巨大的争议，不仅因为它对死亡和黑暗的浪漫主义想象，还因为这并不是当时流行的、优雅的新古典主义绘画风格，画面中弥漫着的放荡的死亡气氛被称为“丑陋的狂热主义”。

亚述国王萨达纳帕勒斯躺在血腥的艳红色大床上，他穿着白色的长袍，右手撑着戴有奢华金饰的头，正面无表情地看着即将消逝的一切。拜伦的悲剧来自公元前 1 世纪古希腊历史学家西西里的狄奥多罗斯（Siculus Diodorus）的记载：萨达纳帕勒斯是公元前 7 世纪亚述帝国的最后一位皇帝，一生放纵享乐的他是个异装癖，常常穿着女人的衣服，但也同时拥有众多嫔妃，肉体的满足是他人生的唯一目的。他的荒淫与暴政引发了亚述帝国内部的不满，米底人、波斯人和巴比伦人组成的盟军也伺机发动进攻，萨达纳帕勒斯在被围攻两年后彻底破防。面对即将失去的一切，他服下毒药，命令士兵在自己面前杀死所爱的嫔妃和宝马，然后焚烧宫殿。这些曾经为他带来欢愉的东西，将在他死后全部化为灰烬，相传这场大火烧了整整十五天。

这是一幅由黑色、红色、金色主导的画面。红色的床、红色的地垫以及混杂的各种红色物品，在黑暗而模糊的背景中显示出场景的混乱、暴力和血腥。白色的长袍、垂死女人的肤色以及闪烁的金色制造了视觉上的跳跃。对遥远而古老的东方的浪漫想象，在这个男性统治者掌控的奢华密闭空间中得到了最大限度的发挥，也让这幅作品成为 19 世纪最富视觉震撼力的杰作。

《孟特芳丹的回忆》

Souvenir of Mortefontaine

作者 \ 让—巴蒂斯特·卡米耶·柯罗（Jean-Baptiste Camille Corot，1796—1875 年）
时间 \ 1864 年
材料 \ 布面油画
尺寸 \ 65 厘米 × 89 厘米

1830 年至 1880 年间，一群对城市生活感到厌倦的法国风景画家在邻近枫丹白露森林的巴比松村进行创作。他们在户外的自然中写生，表达对自然景色的真实感受，以此来对抗当时仍拘泥于理想主义风景的传统的学院派画风。他们相信肉眼所见的真实，并以明亮的色彩作为画面的基调，用光线、时间和季节的变化来诉说情感，这些创造性的观点对后来的印象派产生了极大的影响，并为印象派的诞生奠定了基础。柯罗是巴比松画派最重要的画家之一，《孟特芳丹的回忆》是他在表现大自然的诗意时最杰出的代表，几乎达到了理想与现实间最完美的平衡。

《孟特芳丹的回忆》在 1864 年的沙龙上第一次展出，它充满忧伤的诗意打动了同时代的观众。右侧的一棵大树占据了画面的二分之一，在和风轻拂之下与另一棵几近干枯的树向同一侧倾斜。画面的远处是笼罩于蓝色薄雾中起伏的山峦和丛林，在清澈而宁静的湖面上呈现出淡灰色的倒影。穿红裙的妇女仰头采摘树上的藤花，两个小孩在一旁高兴地帮忙。画面中流畅的节奏感和带有音乐感的抒情，仿佛召唤了瑟瑟的风声和树叶沙沙作响的幻听，让人进入曾经的回忆或梦幻的甜蜜。

19 世纪 40 年代，柯罗开始尝试将其户外写生所捕捉到的“印象”转化为完善的风景作品。为了表达自己充满诗人气质的感伤，他发明了“Souvenir ”的概念，这里意译为“回忆”。在这幅画中，柯罗回忆起在瓦兹（Oise）河畔的英式公园孟特芳丹城堡中游历的时光，并唤起了观众对大自然美如仙境的普遍共鸣。

大都会艺术博物馆

The Met

卢浮宫博物馆

大英博物馆

艾尔米塔什博物馆

普拉多博物馆

大都会艺术博物馆

The Met

“大都会过去一百四十多年来的努力，创造了今天这样一个时刻，正确的人，正确的时间，一个如此庞大的藏品库，我们终于可以实现博物馆真正的使命了。”

——大都会教育部主管桑德拉（Sandra Jackson-Dumont）

图 1. 大都会艺术博物馆位于纽约市曼哈顿上东区的入口立面

位于美国纽约第五大道的大都会艺术博物馆（Metropolitan Museum of Art）与著名的美国自然历史博物馆（American Museum of Natural History）隔街相望。如果说，美国自然历史博物馆回顾了大自然的历史并满足了人类探索未知世界的好奇，那么大都会艺术博物馆则呈现了人类自身文明史的发展，并通过知识和智慧展示了文化间的相互联系以及人类文化的共同遗产。

作为全美最大的博物馆，大都会艺术博物馆拥有超过两百万件永久藏品，在大约 200 万平方英尺（190000 平方米）的展览空间中，以百科全书式收藏揭开了非洲、亚洲、大洋洲以及拜占庭和伊斯兰世界的神秘面纱。数以万计的世界级艺术品、乐器、服饰以及古董武器和盔甲等精美收藏，在恢宏的展厅中静静地等待着来自世界各地的参观者，正如大都会艺术博物馆前馆长托马斯·R. 坎贝尔（Thomas R. Campbell）在博物馆参观《指南》中所写的那样：“在这里，您将欣赏到包罗万象的各类艺术杰作，无论您在这里停留一小时还是一整天，都能欣赏到来自世界各地、几乎各类文化的伟大艺术品，这些作品是人类文明五千年来所有创造力的结晶。”（图 1）

图 2. 1880 年时的大都会艺术博物馆

一、博物馆的诞生与发展

1. 镀金时代（博物馆的建立）

大都会艺术博物馆诞生于美国的“镀金时代”（图2）。1865年，南北战争宣布结束，在其后的三十多年间，美国工业迅速发展，科技改变了人们的生活方式，繁荣的经济奠定了稳定生活的物质基础。太平洋铁路横贯北美大陆，城市化的进程在进一步加速，拓展边疆的西进运动已宣告结束，农业革命也大体完成，摆脱被殖民境遇不过百年的美国在这一时期展现出勃勃生机。而被称为“大西洋的威尼斯”的纽约更是彰显着“美国梦”动人魅力的现代大都市，怀揣梦想的美国人与来自世界各地的淘金客们大量涌入，混杂、交融、缤纷、自由的纽约城市文化由此诞生。但伴随着移民的涌入，文化冲突的问题也同样显著，纽约市内频发的暴乱、动荡的社会形势都预示着一场深刻的文化变革即将到来，这座新兴的移民城市亟需塑造自身独特的文化认同和真正意义上的城市凝聚力。

1866年，身处巴黎的纽约著名律师约翰·杰伊（John Jay）与一群美国同乡共同提出倡议，希望建立一个“国家艺术展出机构”。在杰伊的领导下，纽约联盟俱乐部中的公民领袖、商人、艺术家、艺术收藏家和慈善家纷纷支持并投身于这项致力于文化交流的博物馆建设洪流中，希望为美国人民带去艺术和艺术教育。

1870年4月13日，纽约州立法机关颁布了“大都会艺术博物馆公司法”：“目的是在该市建立和维护博物馆和艺术图书馆，鼓励和发展美术研究，以及艺术在制造和日常生活中的应用，以提高相关学科的知识普及度，并面向公众提供公共教育和娱乐服务。”该立法后来由1893年法案第476章补充，要求它的藏品“应全年免费向公众开放”。

“大都会艺术博物馆公司法”的颁布，奠定了博物馆的公益属性。作为一家非官方性质的综合性艺术博物馆，大都会艺术博物馆采取向纽约市政府和私人董事会负责的管理模式，其社会职能同样被记录于宪章中，而它宏大的城市发展规划也吸引了众多慈善家的慷慨捐赠。在短短的一百五十年间，大都会艺术博物馆迅速发展成为全美最大也最具影响力的博物馆，至20世纪90年代，它已经比诞生之初整整扩大了二十倍。如今的大都会博物馆除第五大道的主馆外，还拥有两个分场馆——大都会修道院艺术博物馆（Met Cloisters，图3）和大都会布鲁尔分管（Met Breuer）。前者主要展出中世纪的欧洲艺术、建筑和手工艺品，后者则是对博物馆现当代艺术收藏的扩充。

图3. 大都会艺术博物馆的分馆修道院艺术博物馆的入口处

图 4. 这件来自古塞浦路斯的阿马图斯石棺（Amathus sarcophagus）是大都会艺术博物馆首任主任卢吉·帕尔玛·德·塞斯诺拉的重要收藏，他将其捐给了大都会艺术博物馆，是博物馆的第一件古代雕塑藏品，展现了公元前 5 世纪中期希腊、塞浦路斯和东方文化的高度融合

1872 年 2 月 2 日，大都会艺术博物馆正式成立并对外开放。此时的大都会艺术博物馆位于第五大道 681 号的一栋建筑内。铁路高管、美国人约翰·泰勒·约翰斯顿（John Taylor Johnston）的个人收藏奠定了博物馆的藏品基础，他也担任了博物馆的第一任馆长。出版商乔治·帕默·普特南（George Palmer Putnam）担任博物馆的创始总监，美国乡土画家伊士曼·约翰逊、哈德逊河画派风景画家弗雷德里克·埃德温·丘奇，以及当时的许多实业家、科学家都是博物馆的联合创始人。前内战军官卢吉·帕尔玛·德·塞斯诺拉（Luigi Palma di Cesnola）被任命为第一任主任。在他们的指导下，大都会艺术博物馆最初的藏品由一件罗马时代的石棺（图 4）和一百七十四幅以欧洲油画为主的绘画构成。

图 5. 这幅油画描绘了大都会艺术博物馆位于曼哈顿西 14 街 128 号的临时场馆——尼古拉斯·克鲁格夫人宅邸的入口大厅

CARROLL AND
MILTON PETRIE
EUROPEAN
SCULPTURE
COURT

1873 年，因为不断增多的藏品需要更大的空间，大都会艺术博物馆从第五大道 681 号迁出，迁入了位于西 14 街 128 号的临时场馆——尼古拉斯·克鲁格夫人宅邸（Mrs. Nicholas Cruger Mansion，图 5）。这个临时场馆的空间是第五大道 681 号的五倍，博物馆在这里运营了很长一段时间，直到中央公园的新馆竣工。

1880 年，大都会艺术博物馆最终搬入新址，也就是今天我们看到的大楼所在地，大都会艺术博物馆的整体雏形就此奠定。

2. 发展与影响（19 世纪末至今）

从一百五十年前第一次向纽约市民敞开大门，到被称为“世界五大博物馆”之一的今天，大都会艺术博物馆通过不断地创新、改革和建设，来彰显并讲述着自身的使命。在它对世界文化持之以恒的追寻和探索过程中，也展示了对纽约、对美国所产生的深刻影响（图 6）。

20 世纪 50 年代，大都会艺术博物馆开始尝试更加广泛多元的推广模式，随着 1954 年博物馆内的格蕾丝·雷尼·罗格斯音乐厅（Grace Rainey Rogers Concert Hall）的正式落成，博物馆也开创了在音乐厅举办系列音乐会的创新。为了进一步扩大在文化界的影响力，博物馆

图 7. 位于纽约曼哈顿上东区 7 号的大都会艺术博物馆的分馆大都会布鲁尔

图 8. 大都会艺术博物馆的现当代艺术展区

图 6. 大都会艺术博物馆的卡罗尔和米尔顿·佩特里欧洲雕塑厅（Carroll and Milton Petrie European Sculpture Court），这里陈列着 17 世纪至 19 世纪的意大利和法国雕塑

图 9. 大都会艺术博物馆一层是由高耸的拱形结构构成的大厅（The Great Hall）

于 1955 年在音乐厅增加了艺术讲座。此后，这个“音乐会和讲座计划”发展成为博物馆每季的常规活动。音乐厅的表演者包括了大批赫赫有名的音乐家，如美国黑人女低音歌唱家玛丽安·安德森（Marian Anderson）、意大利古典音乐家塞西莉亚·芭托莉（Cecilia Bartoli）、美国民谣歌手朱迪·柯林斯（Judy Collins）、茱莉亚弦乐四重奏乐队（Juilliard String Quartet）、大提琴演奏家马友友、德国钢琴家安德烈·瓦兹（André Watts）等等，讲座的主题也广泛地包含了艺术史、音乐、舞蹈、戏剧和社会史等各类文化内容。

从 20 世纪 60 年代开始，大都会艺术博物馆通过对博物馆管理人范围的扩大，尽可能地获得了更多具有社会影响力人士的赠予和支持，其中就包括通过推举罗伯特·雷曼 （Robert Lehman）出任董事会主席的方式来争取其收藏的创举。

1963 年，博物馆委托当时最伟大的包豪斯建筑师马塞尔·布鲁尔（Marcel Breuer）在曼哈顿第 75 街拐角处的麦迪逊大街上建造分馆——一座全新的美国艺术博物馆“大都会布鲁尔”（图 7）。这座由玻璃和钢铁建造而成的坚实、封闭且自信的现代建筑，如同纪念碑一般见证了当时及未来的几十年中美国令人眼花缭乱的消费主义、大众文化的泛滥，也极尽可能地包揽了 20 世纪和 21 世纪的全球艺术，展现出大都会艺术博物馆这些绝世藏品的历史影响力（因经费问题，大都会艺术博物馆在 2020 年夏季将大都会布鲁尔转让给了弗里克收藏馆）。1969 年是大都会艺术博物馆成立一百周年，在从当年 10 月到 1971 年春天的十八个月里，博物馆通过持续一年半的展览、座谈会、音乐会、讲座，以及翻新画廊的重新开放、特别参观、社交活动和其他项目来庆祝百年。这些名目繁多的开放日、百年舞会、为期一年的公众艺术史课程，以及各种教育节目、巡回展览和出版物得到了众多纽约客、艺术家、作家、作曲家、室内设计师和艺术史学家的支持。

2000 年以后，博物馆不断扩充现代艺术的收藏，并尝试推出当代艺术项目。2022 年，大都会艺术博物馆宣布将增建新的现当代艺术区，该艺术区包括 8 万平方英尺（约 7432 平方米）的展厅和公共空间，由墨西哥建筑师弗里达·埃斯科贝多（Frida Escobedo）担任设计师，目的在于让博物馆有机会讲述比过去更加丰富的现当代艺术的故事（图 8）。

不间断的发展使博物馆的主体建筑、收藏以及影响力持续扩大，尽管费时费力，但其灵活机动的运营方式不仅发展出了值得全世界同行借鉴的、独具特色的经营理念，也为全球的文化艺术学者提供了研究的便利，更让来自世界各地的观众产生了难得的认同感，博物馆本身也因此而更加生机勃勃，富有吸引力。

二、博物馆的建筑与收藏

1871 年，大都会艺术博物馆在与纽约市谈判后，获得了中央公园东公园大道、第五大道与第 79 街和第 85 街横向道路之间的土地。在这块永久性土地上，美国建筑师卡尔弗特·沃克斯（Calvert Vaux，1824—1895 年）与合作者共同设计了由红砖建造的新哥特式风格的博馆建筑主体。博物馆位于第五大道的立面、大会堂和大楼梯由建筑师理查德·莫里斯·亨特（Richard Morris Hunt）和他的儿子理查德·豪兰·亨特（Richard Howland Hunt）分别于 19 世纪 90 年代末和 20 世纪初设计。有趣的是，沃克斯大胆的新哥特式设计在当时并未获得一致的赞赏，甚至在建筑完成时就被认为已经过时，当时的博物馆主席甚至批评它为“一个错误”。但这个“错误”在约一百年之后的 1967 年，被纽约市地标保护委员会指定为城市地标，而其内部建筑也于 1977 年获得了地标保护委员会的专项认可。到了 1986 年，大都会艺术博物馆的主楼被指定为美国国家历史地标，以表彰其建筑的不朽和作为文化机构的重要性，它甚至被视为“近年来唯一一座在庄严和宏伟方面接近于旧世界博物馆的公共建筑”（图 9）。

此后，随着藏品的不断增加，博物馆经历了多次扩建，完善了南翼、北翼、罗伯特·雷曼翼、赛克勒翼、美国翼等各翼的建筑，最终由二十多个空间结构组成，整幢大楼在不同时期建筑的杂糅并存中实现了风格上的完美平衡。今天的大都会艺术博物馆建筑总面积超过 200 万平方英尺（190000 平方米），包括五个大展厅和两百四十八间陈列室，是 1880 年时原建筑的二十倍。

在这座宏大的地标性建筑中，大都会艺术博物馆的永久藏品分布在三层的展厅中，由十七个独立的部门管理，每个部门都有专门的策展人和学者，以及六个专门的保护部门和一个科学研究部门。这些永久收藏品包括古代和古埃及的艺术作品、几乎所有欧洲大师的绘画和雕塑，以及美国艺术和现代艺术的大量收藏。博物馆还拥有大量的非洲、亚洲、大洋洲、拜占庭和伊斯兰的艺术藏品，百科全书般地收集了乐器、服装和配饰，以及来自世界各地的古董武器和盔甲等（图 10）。

图 10.《拉达和克里希纳走在花开的果林》（*Radha and Krishna Walk in a Flowering Grove*）完美地展现了古代印度文化中自然与人类激情相呼应的理念。作者是活跃于 18 世纪早期的科塔大师（Kota Master），大师通过对众多的鸟类、开花的树木以及男女身体和衣服缠绕的描绘，将亲密的情感转化为了视觉的愉悦

图 11. 荷兰风俗画家弗朗斯·哈尔斯的油画《客栈里的年轻男女》（*Young Man and Woman in an Inn*），画中人物喜悦的神情表明这对情侣已经打破了当时的行为准则，这样的场景或许发生在客栈的门口

图 12. 法国古典主义画家尼古拉斯·普桑的《盲眼的俄里翁寻找初升的太阳》(*Blind Orion Searching for the Rising Sun*),是一幅经典的、借由神话题材来描绘的伟大风景画作。盲眼巨人俄里翁在朋友科达利翁(Cedalion)的引导下寻找治愈眼盲的阳光,科达利翁站在他的肩头,云上的金边暗示了太阳升起的方向,其下是一片丰沃广阔的土地

这些始于 1870 年的收藏,从最初的那件罗马石棺和一百七十四幅油画开始,逐渐扩展为今天三百万件的藏品规模。回望这段历程,大都会艺术博物馆自成立以来,不仅仅渴望成为世界上最好的艺术珍品宝库,也一直期望能将全人类的文化精粹汇聚一堂,努力摆脱文化史叙事的单一逻辑,使文化的复杂性得到更多的理解。回顾博物馆的收藏历史可以看到,博物馆的早期收藏主要是私人藏家的欧洲艺术品,比如哈尔斯(图 11)、凡·戴克等荷兰和佛兰德斯画家的油画作品,以及普桑(图 12)和提埃波罗等古代大师的杰作,它们构成了大都会艺术博物馆收藏的基调。

19 世纪后期,哈德逊河画派画家约翰·肯塞特的三十八幅油画的捐赠,为大都会艺术博物馆填补了美国本土绘画收藏的空白。与此同时,博物馆也开始了近东古代艺术和文物的收藏,从最早的几块楔形文字印章到现今的七千多件藏品,大都会艺术博物馆近东艺术收藏的规模渐趋壮大,并相对系统地展现了近东地区从新石器时代开始到萨珊帝国(Sasanian Empire)的衰落,以及到王朝终结的历史。这其中包括来自苏美尔人、赫梯人、萨珊人、亚述人、巴比伦人等不同历史时期和文明的文物(图 13),以及大量风格独特的青铜器物,其中来自亚述国王阿淑尔纳西尔帕二世(Assyrian king Ashurnasirpal II)西北宫的纪

图 13. 插图《萨达的盛宴》（*The Feast of Sada*），来自伊朗国王塔玛斯普一世（Shah Tahmasp）收藏的《列王纪》（*Shahnama*）。《列王纪》是伊朗诗人菲尔多西（Firdausi）创作的叙事体长诗，记录了波斯人从上古时期到公元 7 世纪被阿拉伯人统治之前数千年间的神话传说、英雄传奇和历史故事。大都会艺术博物馆所藏的这部《列王纪》是极知名的版本之一

念性守护雕像是其中最引人注目的藏品。

20 世纪以来，大都会艺术博物馆日渐成为全球范围内极伟大的艺术中心之一。印象派画家雷诺阿的作品早在 1907 年就进入了博物馆的收藏，这也使大都会艺术博物馆成为第一家接受印象派作品的公共机构。此后，现代主义大师马蒂斯的作品等一系列当时的“先锋”艺术都进入了博物馆的收藏视野……如今的大都会艺术博物馆已经成为印象派、后印象派、现代艺术收藏的重要宝库之一，而现代艺术的收藏也已超过一万三千件，并拥有一大批在艺术史上具有标志性意义的经典作品，例如毕加索（Picasso）的《格特鲁德·斯坦因肖像》（*Portrait of Gertrude Stein*）（图 14）、贾斯珀·约翰斯的《白旗》、杰克逊·波洛克的《秋天的韵律（30 号）》以及马克斯·贝克曼（Max Beckmann）的三联画《开端》（*Beginning*）（图 15）等。

1938 年，位于曼哈顿北部崔恩堡公园（Fort Tryon Park）内的分馆修道院艺术博物馆开放，这里拥有五千件中世纪的欧洲艺术品，并以其令人惊艳的艺术美感和重要的历史价值构成了自身的主要特色，其中包括林堡兄弟（Limbourg Brothers）于 1409 年为贝里公爵（Duc de Berry）制作的《最美时祷书》（*Belles Heures of Jean de France*）（图 16）、被称为“修道院十字架”或“伯里十字架”（Bury Cross）的

罗马式祭坛十字架，以及非常稀有且精美的描绘狩猎独角兽的七幅挂毯等。

1964 年，T.J. 沃森图书馆建成，它是世界上收藏艺术和考古类书籍极完善的图书馆之一，藏书近十九万余册。其中，照片和幻灯图书馆藏有幻灯片二十九万张、黑白照片二十五万张、彩色照片六千张；纺织品研究室藏有各种纺织品近两万件，是研究生、专业研究人员、访问学者和时装设计人员等专业人士进行学术研究的理想之地。

1969 年，大都会艺术博物馆获得了被誉为“美国有史以来的非凡的私人艺术藏品之一”、银行家罗伯特·雷曼的收藏捐赠，由雷曼基金会在罗伯特·雷曼去世后执行。这批捐赠包含三千件艺术品，现展出于名为“罗伯特·雷曼之翼”的展厅中。作为个人收藏的典范，罗伯特·雷曼的藏品并不专注于特定的艺术风格或时期，而是反映了收藏家雷曼个人的趣味与审美。雷曼青睐意大利文艺复兴时期的绘画，尤其是锡耶纳学派的作品，其藏品中包括波提切利（Botticelli，图 17）和多梅尼科·维内齐亚诺的杰作，以及埃尔·格列科（图 18）和

图 14. 毕加索所画的《格特鲁德·斯坦因肖像》是其走出“玫瑰时期”之后的创作。毕加索采用了立体主义手法，将斯坦因的脸描绘成了伊比利亚雕塑式的厚重面具。格特鲁德·斯坦因是很早对欧洲先锋艺术做出热情回应的美国人之一，她每周都会在巴黎的公寓里举办沙龙。对毕加索来说，斯坦因的友谊和早期赞助对他的成功至关重要

图 15.《开端》是德国画家马克斯·贝克曼的代表作品，他深受两次世界大战和反复流亡的影响，通常采用将悲剧主题与表现主义的笔触、明亮的色彩相融合的绘画方式，是 20 世纪重要的表现主义画家之一

图 16. 这是林堡兄弟为贝里公爵绘制的《最美时祷书》中的两页，该手抄本创作于 1405 年至 1408 年或 1409 年之间。《最美时祷书》是一本私人的宗教书籍，也是中世纪法国极为精彩的哥特式泥金抄本之一

图 17. 波提切利的《受胎告知》（*The Annunciation*）是罗伯特·雷曼收藏中极为著名的画作之一。《受胎告知》所创造的表现空间深度的视幻觉，展示了 15 世纪初佛罗伦萨画家们在透视学上所取得的成就

图 18. 埃尔·格列柯的《红衣主教费尔南多·尼诺·德·格瓦拉》（*Cardinal Fernando Niño de Guevara*），创作于 1600 年春季红衣主教费尔南多与国王腓力三世逗留托莱多期间。美国实业家赫夫麦耶（H.O.Havemeyer）的夫人于 1929 年将这件珍藏捐献给了大都会艺术博物馆

戈雅等大量西班牙画家的作品。与此同时，雷曼收藏的大师画作，如伦勃朗和丢勒的作品，也极具特色且尤为珍贵。

1978 年 9 月，大都会艺术博物馆极受欢迎的艺术馆之一——古埃及艺术馆正式对外开放。这里拥有超过两万六千件古埃及艺术品，包括最初的私人收藏、各类政府的捐赠与博物馆的收购，其中由博物馆于 1906 年至 1941 年间组织的考古发掘几乎占了藏品总数的一半。这里最引人关注的收藏是埃及政府赠送给美国的丹铎神庙（Temple of Dendur）（图 19、图 20、图 21）。丹铎神庙是一座于公元前 15 年就已矗立于尼罗河畔的古代寺庙，作为“拯救努比亚遗址国际行动”的一部分，埃及政府拆解了这座大型砂岩寺庙，以使其免受因阿斯旺高坝建设而造成的水位上涨的影响。1965 年，这座被拆散后的寺庙被赠送给美国。1978 年，它被重新组装在大都会艺术博物馆，古埃及艺术馆高耸的展厅就是为容纳这座神庙而特意修建的。除此之外，古埃及艺术馆还拥有博物馆最古老的物件——一套来自代尔巴里（Deir el

图 19. 大都会艺术博物馆赛克勒翼于 1978 年重组完工的埃及丹铎神庙

图 20. 两座阿蒙霍特普三世（Amenhotep III）雕像之间的丹铎神庙

图 21. 丹铎神庙南墙上的浅浮雕

Bahri）的太古宙燧石，这些燧石的历史可以追溯到旧石器时代晚期（公元前300000—前75000年）。

1980年，博物馆备受关注的美国馆（美国之翼）正式开放。它通过二十四间具有时代感的展厅，展出了美国本土自18世纪殖民时期到20世纪20年代的一千零四十六件绘画和雕塑作品，展现了从18世纪到20世纪初美国艺术史和美国家庭的生活景观。

1981年春，中美合建的、以中国苏州网师园“殿春簃”及其后院为原型的阿斯特庭院（The Astor Chinese Garden Court）在该馆的东翼竣工落成（图22、图23、图24）。

1982年，用于展示非洲、大洋洲和美洲艺术的“洛克菲勒翼”（Michael C. Rockefeller Wing）开放；1987年，展示现代艺术的“华勒斯翼”（Lila Acheson Wallace Wing）开放；1998年，致力于展示亚洲艺术的韩国艺术画廊开放；1999年，翻修一新的古代近东画廊重新开放；2000年，塞浦路斯画廊向公众开放……

大都会艺术博物馆在漫长的实践中，继续完善和重组着其现有空间中的藏品，将世界各地的文化艺术聚集在一起，不断提出新的学术视角和跨文化思考，并试图在超越历史与地域限制的基础上，探讨人类文明演进的历史逻辑和内在关联。

三、讲述美国与世界的故事

1620年，乘坐“五月花”号的第一批欧洲移民到达北美大陆，在波士顿附近定居后，与美术相关的零星活动渐渐展开。但美洲大陆的移民长期停留在对欧洲艺术的欣赏与推崇中，直到19世纪上半叶美国民族意识渐渐觉醒，这种“欧洲崇拜”式的审

图22. 夜间的阿斯特庭院一角。阿斯特庭院自1981年开放以来，一直是一座供人沉思的宁静院落

图23. 阿斯特庭院的入口。这座庭院是仿照17世纪的苏州园林建成的静谧仙境

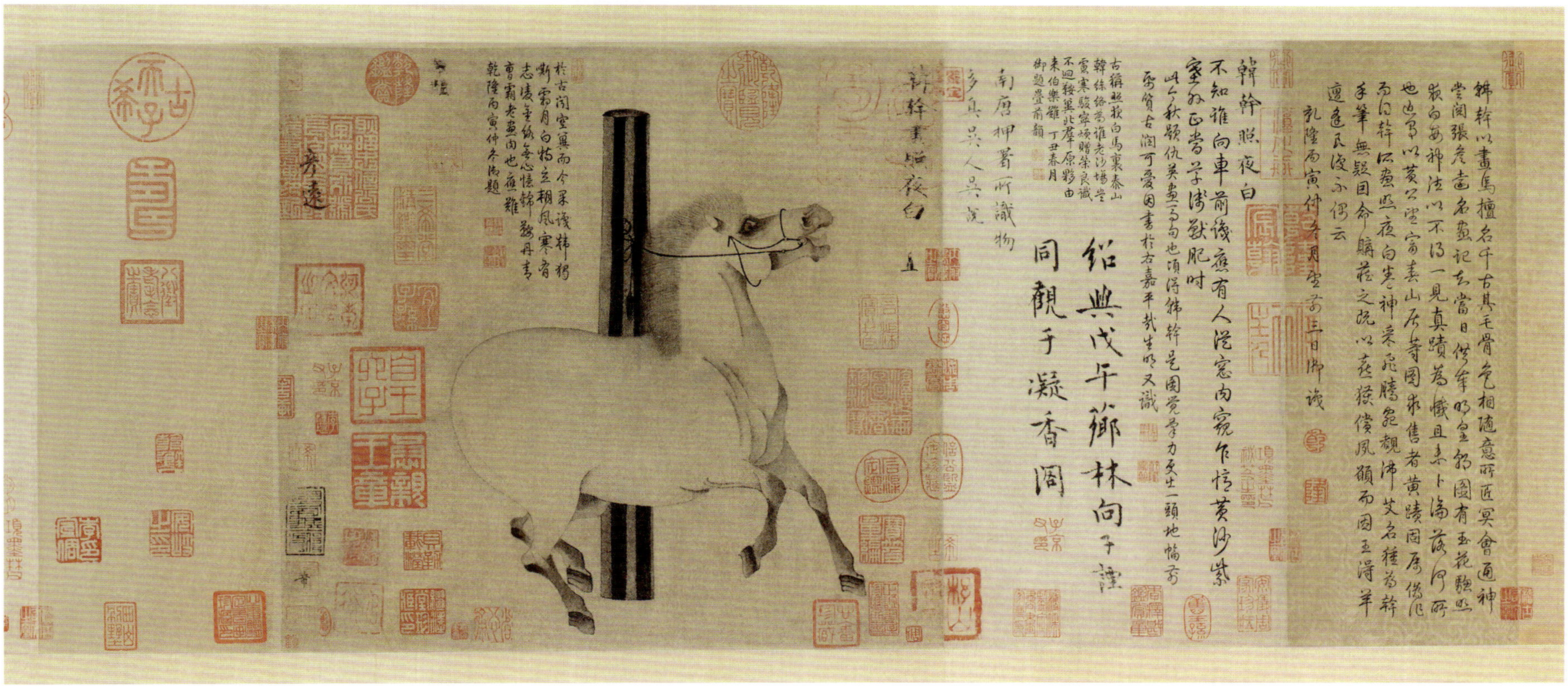

图24.《照夜白图》（*Night-Shining White*）是中国唐代画家韩幹最著名的作品，描绘了玄宗最喜爱的坐骑。由迪隆基金会（The Dillon Fund）于1977年捐赠给大都会艺术博物馆

图 25. 法国画家皮埃尔·奥古斯特·库特（Pierre Auguste Cot）的《风暴》（*The Storm*）由凯瑟琳·洛丽拉德·沃尔夫（Catharine Lorillard Wolfe）委托创作，沃尔夫女士是大都会艺术博物馆重要的赞助人之一。这幅画表现了法国小说《保罗和维吉尼亚》（*Paul and Virginie*）中的场景，俊美的年轻男女在雨中奔跑，寻找避难所。作品一经展出就非常受欢迎，成为当时广泛流行的图像

美风气才慢慢改变。大都会艺术博物馆中那些最初的捐赠，如“荷兰和佛兰德斯大师绘画收藏”“凯瑟琳·洛丽拉德·沃尔夫收藏”（Catharine Lorillard Wolfe Collection）（图 25）等，就从侧面展现出了美洲大陆新移民对欧洲过往的怀恋，以及工业崛起后美国博物馆收藏的经济实力。

与此同时，这一时期的美国也正试图摆脱欧洲的影响。那些曾在荒野中奋斗过的、勤奋的美国人，深刻地感受到了美国本土壮美如画的自然风光，一种崇高浪漫的情感油然而生，哈德逊河画派也在这样的思潮中应运而生。弗雷德里克·埃德温·丘奇的《安第斯山脉的心脏》在 1859 年首次亮相时就引起了巨大的轰动，这位美国艺术界英雄般的开拓者在其作品中敏锐地探索了个人与自然、乡土的关系，骄傲地展现出美国风光毫不逊色于欧洲的自信与自豪。而乔治·英尼斯的（George Inness）的《特拉华河谷》（*Delaware Water Gap*，图 26）则更多地展现出“文明”的风景，全景视角与戏剧性的天空呼应了托马斯·科尔

图 26. 乔治·英尼斯的油画《特拉华河谷》，创作于 1861 年，尺寸为 91.4 厘米 × 127.6 厘米，由莫里斯·K. 耶苏普基金（Morris K. Jesup Fund）于 1932 年捐赠给大都会艺术博物馆

的《暴雨后马萨诸塞州北安普敦圣轭山风景（牛轭湖）》，画面远处左方的蒸汽火车和特拉华河上的一对驳船，隐喻了技术进步以及北美大陆的丰富资源对美国工业化的巨大推动。在哈得逊河谷出生并成长的桑福德·罗宾逊·吉福德（Sanford Robinson Gifford），在他的《山中峡谷（卡茨基尔峡谷）》[*A Gorge in the Mountains*（*Kauterskill Clove*），图 27] 中则召唤了场景的诗性，通过对空气透视法的运用，描绘出了薄雾笼罩下午后暖阳包裹的金色山岭。

半个世纪后的 1909 年，为了纪念亨利·哈德逊（Henry Hudson）发现哈德逊河三百周年以及罗伯特·富尔顿（Robert Fulton）首次成功经营商业轮船一百周年，纽约和新泽西举行了为期十五天（9 月 25 日至 10 月 9 日）的哈德逊—富尔顿庆典（Hudson-Fulton Celebration）。这场精心设计的纪念活动旨在重申哈德逊和富尔顿在海上取得的成就对纽约的进步以及地域文化认同的重要性，同时还期望展现出纽约作为世界城市的地位及其公民的成就。作为对这场盛大嘉年华的回应，

了当年的美国人对同为工业强国的日本的好奇与探索，也让远东的轮廓在视觉文化的补充下渐渐清晰。

20 世纪 20 年代的美国，在创造了无数具有深远影响的技术发明、经历了前所未有的工业化浪潮后，民众的生活方式发生了翻天覆地的变化。莫里斯·普伦德加斯特（Maurice Prendergast）的《中央公园》（*Central Park*，图 31），展现了 20 世纪 20 年代纽约的繁华以及这座现代化大都市最值得游览的生活空间。地方主义画家托马斯·哈特·本顿的壁画《今日美国》，则更直接地捕捉了“美国生活中的活力、仓促与困扰”。西部平原上耸立的钻油塔、炼钢厂中英雄般的粗糙工人、南方的大片农业、纽约地下铁的现代生活，还有城市建筑中震撼人心的摩天大楼……这个国家正借着工业化的进程使社会生活发生着轰轰烈烈的历史性变革。

图 27. 桑福德·罗宾逊·吉福德的油画《山中峡谷（卡茨基尔峡谷）》创作于 1862 年，尺寸为 121.9 厘米 ×101.3 厘米。卡茨基尔山脉位于美国纽约州，四季都拥有令人难以置信的美丽景色，也是纽约州的重要水源

大都会艺术博物馆也适时地推出了“荷兰大师绘画”展，因为在整个 18 世纪的新纽约，都盛行着荷兰殖民地风格的艺术和生活。约翰·特朗布尔（John Trumbull）的《亚历山大·汉密尔顿肖像》（*Alexander Hamilton*）（图 28）、吉尔伯特·斯图亚特的《霍雷肖·盖茨肖像》等，也都显示出当时美国画家所受到的欧洲影响，以及他们驾驭欧洲肖像画流行风格的能力。

20 世纪 10 年代，日本风（Japonism）开始在美国流行。这种源于江户时代末年德川幕府与法国外交关系交好后掀起的“和风”热潮，在欧洲盛行了三十年以后传到了美国。此时的大都会艺术博物馆在对旧时代的珍宝、装饰艺术、武器等藏品不断更新丰富之外，还顺应潮流地将与日本风相关的新艺术纳入囊中。铃木其一（Suzuki Kiitsu）的《朝颜图》（*Morning Glories*，图 29）和长泽芦雪的《山水人物图》等成为新的馆藏，威廉·莫里斯（William Morris）的学生、杰出的日本版画收藏家弗朗西斯·拉瑟洛普（Francis Lathrop）也在去世前将自己的珍藏留在了大都会艺术博物馆。同时代的美国画家詹姆斯·阿博特·麦克尼尔·惠斯勒、玛丽·卡萨特（Mary Cassatt，图 30）等深受日本风影响的创作也都成为博物馆的新宠……这些与日本相关的收藏既满足

图 28. 约翰·特朗布尔的《亚历山大·汉密尔顿肖像》创作于 1792 年，尺寸为 219.1 厘米 ×146.1 厘米。此时的汉密尔顿是美国财政部第一秘书（1789 年任命），他的经济政策包括扩大与英国的贸易和组建国家银行，强有力地增进了中央政府的实力。为了纪念他的商业成就，五位纽约商人于 1791 年委托约翰·特朗布尔为汉密尔顿绘制了这幅全身肖像

图 29. 铃木其一的《朝颜图》是创作于江户时期（1615—1868 年）的折叠屏风画，尺寸为 178.3 厘米 × 379.7 厘米。画家对矿物颜料和金箔明亮装饰效果的高超运用，生动地展示了日本琳派（Rinpa school）绘画的富丽与趣味

在紧随其后的、艰难的大萧条岁月中，政府救济管理局赞助了大都会艺术博物馆"纽约市免费成人艺术学校的学生作品展"（1934 年），第一夫人安娜·埃莉诺·罗斯福（Anna Eleanor Roosevelt）是这一项目的支持者和赞助人。非裔美国抽象艺术家诺曼·刘易斯和哈莱姆文艺复兴运动中杰出的雕塑家和教育家奥古斯塔·萨维奇脱颖而出。萨维奇的《让我的人走》通过上帝命令摩西带领以色列人摆脱埃及奴役的故事，暗示了非洲裔美国人的困境。刘易斯的版画《街头流浪者》、《南方风景》等则再一次重申了非洲裔美国人和美洲有色人种所面临的困难以及画家对社会不公的持续焦虑。

第二次世界大战期间，博物馆的展览主题转向了爱国主义，如"美国战争中的工业""士兵艺术家的作品""对日战争"以及"不朽的美国画像"等。第二次世界大战结束后，美国取代欧洲成为世界的新中心。将多种艺术传统（墨西哥传统壁画、印第安传统沙画和图腾概念、现代美国地方主义传统绘画、欧洲的抽象表现主义）融汇贯

图 30. 玛丽 · 卡萨特的油画《喝茶》（*The Cup of Tea*），创作于 1881 年左右，尺寸为 92.4 厘米 × 65.4 厘米。卡萨特于 1877 年随父母搬到巴黎，深受印象派的影响，她在 1881 年的印象派展览上展出了这幅画，广受好评

图 31. 莫里斯·普伦德加斯特的《中央公园》，创作于 1914 左右，尺寸为 52.7 厘米 × 68.6 厘米。普伦德加斯特是美国极具特色的后印象派画家，他在这幅色彩丰富的挂毯式公园场景中表现了现代都市纽约的盎然生机

通的杰克逊·波洛克成为美国战后艺术新精神的代表人物，他独特且杂糅的艺术方式展现了各类传统文化之间的相互联结，也成为战后美国文化面貌的象征。在杰克逊·波洛克的基础上，大都会艺术博物馆还收藏了威廉·德·库宁、弗朗兹·克莱恩等一众代表美国新艺术风貌的抽象表现主义画家的作品。德·库宁的《复活节星期一》（*Easter Monday*，图 32），以活跃的笔触与破碎的形式表现了城市生活的疯狂步调——厚重的肌理中嵌入了画家迅速划过的大片炭笔，这被解读为城市街道上的残砖断瓦，也象征着信息爆炸时代杂乱无章的媒体环境。此时的德·库宁在新纽约的艺术世界中“已取代了毕加索与米罗，成为现今活跃的、最有影响力的画家”。

作为冷战时期“自由世界”盟友合作的典范，列奥纳多·达·芬奇的《蒙娜丽莎》在 1962 年被送往美国展览，第一站是美国国家美术馆。次年 2 月，在第一夫人杰奎琳·肯尼迪（Jacqueline Kennedy）和法国文化部部长安德烈·马尔罗（André Malraux）的共同策划下，《蒙娜丽莎》在大都会艺术博物馆的中世纪雕塑大厅中展出，美国海军陆战队全天候负责安保工作。在短短三周半的展期内，超过一百万人前

来观看了蒙娜丽莎神秘的微笑。

1970 年春，埃及总统贾迈勒·阿卜杜·纳赛尔（Gamal Abdel Nasser）表现出了与美国关系缓和的意向，并接受了美国提出的、关于在中东实现停火与和平的“罗杰斯计划”（Rogers Plan）。随着埃及与美国关系的和谐发展，美国本土再次掀起了狂热的“埃及风”。1978 年，古埃及艺术馆对外开放，大都会艺术博物馆迎来了整个 20 世纪 70 年代最受欢迎的展览——“埃及法老图坦卡蒙的宝藏”（1978—1979 年）。这些在 1922 年便被发掘出土的埃及遗存，满足了民众对于埃及这一古老文明的最大幻想（图 33、图 34）。

里根时代的大都会艺术博物馆，最当红的艺术家是梵·高（Vincent van Gogh）。作为对全球“梵·高热”的呼应，博物馆也连续举办了多场梵·高展览，比如 1984 年举办的“在阿尔勒（Arles）的梵·高”，1986 年至 1987 年举办的“在圣雷米（Saint-Rémy）和奥维尔（Auvers）的梵·高”等，这些展览再一次推高并确定了梵·高世界级的影响力以及伟大艺术家的身份（图 35、图 36）。

图 32. 威廉·德·库宁的《复活节星期一》，创作于 1955—1956 年，尺寸为 245.7 厘米 × 188.6 厘米。这件尺幅巨大的作品被评论界认为是“抽象的城市景观”，表现了现代城市令人眼花缭乱的节奏和无法把握的细节

图 33. 这件古埃及文物《阿冯穆特太阳神木碑》（*Stela of Aafenmut with Sun God*）出自底比斯，属于第二十一王朝时期，约公元前 924 年至前 889 年。书记官阿冯穆特身着轻柔细密的华服，戴着宽项链和手镯，正在向坐着的太阳神拉—哈拉克提（Re-harakhty）汇报。拉—哈拉克提是一位有着鹰头的木乃伊。他们的中间是一张桌子，上面堆满了面包、水果和鲜花

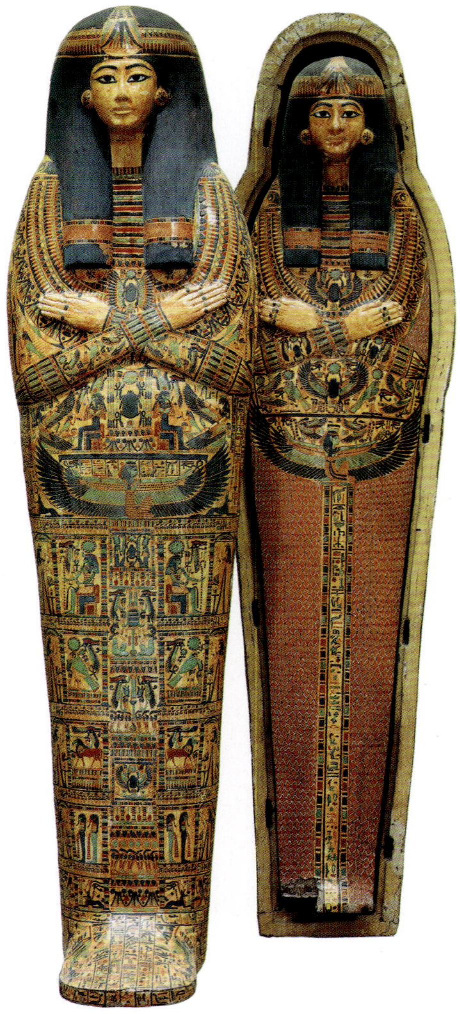

图 34. 出自底比斯的埃及海那塔薇之棺（Coffin Set of Henettawy），属于第二十一王朝时期，约公元前 1000 年至前 945 年。海那塔薇之棺由两个华丽的棺木和一个木乃伊板组成，像俄罗斯套娃一样，一个套在另一个的外面。棺木和木乃伊板的形状都是精心制作的，包裹着木乃伊

图 35. 文森特·梵·高的《麦田里的丝柏树》（*Wheat Field with Cypresses*），创作于 1889 年，尺寸为 73.2 厘米 ×93.4 厘米。梵·高将这幅作品视为他“最好”的夏季风景画

20 世纪末到 21 世纪初，博物馆尝试着以更新的艺术收藏类型和更富创意的展览形式来表达对新世纪的期许。这期间，博物馆组织了大量的摄影展，并努力将艺术品位从“以美国为中心”逐渐转向“全球当代艺术”。2006 年，蔡国强的个展“蔡国强在屋顶：透明纪念碑”（Cai Guo-Qiang on the Roof: Transparent Monument）展现出与以往博物馆风格大相径庭的面貌。透明与不透明的纪念碑、巨型鳄鱼、假死鸟以及展览日每天正午会在屋顶上方“飘”来的一朵黑云，这些对“9·11 事件后社会状态的幽默表达”体现了对逝去生命的哀思，并对现代文明带给自然和人类的负面影响进行了深刻的反思（图 37）。

此后，博物馆的时尚之风兴起。从 2011 年“亚历山大·麦昆：野性之美”（Alexander McQueen: Savage Beauty）开始，到 2015 年引起轰动的展览“中国：镜花水月”（China: Through the Looking Glass）、2016 年的“手作 × 机器：科技时代的时尚”（Manus × Machina: Fashion in an Age of Technology）、2018 年的“天体：时尚与天主教的想象力”（Heavenly Bodies：Fashion and the Catholic Imagination）、2022 年的“在美国：时尚词典”（In America: A Lexicon of Fashion）、2023 年的“卡尔·拉格斐：一条美丽的线”（Karl Lagerfeld: A Line of Beauty）等，都体现了大都会艺术博物馆为适应新的时代风潮而调整自身展览策略的不懈努力。

纵观大都会艺术博物馆的发展历程，它总是能够面对不同的历史

图 36. 文森特·梵·高的《鸢尾花》（*Irises*），创作于 1890 年，尺寸为 73.7 厘米 × 92.1 厘米。梵·高通过将鸢尾花放于粉红色背景的处理手法，获得了“和谐而柔和”的效果，可惜画面背景中的红色颜料随着时间已经褪去。艺术家的母亲一直拥有这件作品，直到她去世

情境敏锐地捕捉到当时最重要、最新颖与最具前瞻性的时代潮流，并以积极、开放、探索的姿态，为美国文化的发展注入最新鲜的血液，就像大都会艺术博物馆前馆长托马斯·坎贝尔谈到的那样：“大都会艺术博物馆的故事，就是一个典型的美国故事，一个关于雄心、公民责任和慷慨付出的故事。”美国的故事会继续发生，大都会艺术博物馆的故事也会不断地续写下去……

在这个融合了古典与现代、自然与人文、宗教与世俗、东方与西方，以艺术之名将全世界最大地理维度与最长人类历史时间段完美呈现的艺术博物馆中，随着时代的变迁、受众的多样化，或许其最初的百科全书式的博物馆理念会越来越显现出人文主义的文化情怀与理想主义的思想光辉。就像大都会艺术博物馆馆长马克斯·霍尔林（Max Hollein）在最近的一次采访中所说的那样：“在这个民族主义盛行的时代，现在比以往任何时候都更需要展示文化之间的相互联系，以及某种共同的文化遗产。”因为只有过去与现在、文化与文化之间的相互影响与联系才是永恒的主题（图 38）。

图 37. 蔡国强于 2006 年在博物馆屋顶花园制作的装置作品《透明纪念碑》，材料为玻璃、纸张、玻璃纤维、塑料和羽毛。透明的纪念碑如相框般把中央公园和曼哈顿的景色收入其中

图 38. 日落时分从大都会艺术博物馆屋顶看到的曼哈顿中央公园

大都会艺术博物馆

重磅藏品赏析

《海那塔薇之棺》

Coffin Set of Henettawy

地点 \ 发掘于埃及底比斯（Thebes）的代尔巴赫里（Deir el-Bahri）
时间 \ 约公元前 1000—前 945 年（第三中间时期，第二十一王朝）
材料 \ 木材、石膏、油漆、清漆
尺寸 \ 长 203 厘米

这件木棺在女法老哈特谢普苏特（Hatshepsut）的官员明莫斯（Minmose）墓地被发现，发现地点位于代尔巴赫里寺庙群中。阿蒙·拉神（Amun-Re）的女歌手（宗教仪式上演唱）海那塔薇是木棺的主人，她去世时年仅 21 岁。海那塔薇的葬礼规模并不大、级别也不高，下葬时她的身体甚至都没有经过防腐处理，只是用几层亚麻绷带包裹着。她的墓穴是一个曾经被使用过且未经装饰的空间，里面仅仅放着一套棺椁和一些简单的个人珠宝。但棺椁本身装饰华丽，两件绘满色彩鲜艳图案的木棺如同一组俄罗斯套娃，较大的棺材套着较小的，外层的棺材上有一个木乃伊形状的盖板，内部的木乃伊头上戴着精致的面具。

外层棺椁盖板看上去就像一具木乃伊，女人双手交叉于胸前，呈一种虔诚的姿态。她的手腕下面有一个精致的方形图案，形似一个小神龛。“神龛”内的左右两边，各有一个长着翅膀的眼睛，那是维阿杰特（wedjat）女神，原为下埃及第六王朝的女神，后被尊为下埃及王权的守护神。维阿杰特女神的翅膀下，是古埃及神像或帝王头饰上常常出现的眼镜蛇形标记，眼镜蛇似乎被拴上了锁链。画面的中间是两只荷鲁斯猎鹰，它们共同看向正中的“圣甲虫”，甲虫的前足推动一个太阳盘，这个冉冉升起的太阳是寓意重生的图像。

棺椁外盖的下面有一组象形文字，内容是：“奥西里斯的诵念，由众神之王阿蒙·拉的女侍者和女歌者，海那塔薇唱诵道，‘哦，我的母亲天空之神努特（Nut）！展开你的翅膀来轻拂我的脸颊吧，让我像不朽的星星，像永不消逝的星星，不会在墓地中第二次死去！’”

《绘有战车场景的双耳瓶》

—— *Neck-amphora with Chariot Scenes* ——

作者 \ （传）埃克塞基亚斯
时间 \ 约公元前 540 年（古风时期）
材料 \ 黑绘风格的赤陶瓶
尺寸 \ 高 47 厘米，直径 24.8 厘米

这是一件非常经典的黑绘风格陶器，花瓶上的人物和装饰物的形状与颜色都让人想起剪影。这种风格在公元前 7 世纪至公元前 5 世纪之间非常流行。

古希腊时期花瓶的风格，可以按照出现的先后顺序大致分为东方风格、黑绘风格和红绘风格。黑绘风格产生后，出现了一大批身份明确的艺术家（能够确认他们的真名或有文献记载的某类艺名）并创造出许多具有鲜明个人风格的陶器产品。这一时期的陶艺家们在已有的神话和图像基础上尝试各种不同绘画样式的创新，当然古希腊的日常生活也是他们常常表现的主题，绘画的内容和画面形式都非常丰富。这些有趣精美的陶器在意大利广受欢迎，特别是在伊特鲁里亚（Etruscan）地区尤其如此。由于供不应求，伊特鲁里亚人还以希腊陶器为模版发展了自己的黑绘人物陶器产业。

这件双面印花黑绘双耳瓶的背面是由螺旋图案组成的装饰纹样，正面如图所示是站在战车上的一对男女，他们由一名妇女和一位古竖琴（kithara）演奏者陪同，马前是一位身材矮小（根据身份地位确定大小）的侍马官。双耳瓶的肩部是刻画细腻的战斗中的步兵和骑手，瓶底和瓶颈均是抽象的花卉和植物样装饰图案。这种尺寸的精美陶制品当年主要是在婚礼上使用的，代表着新婚夫妇的身份与财富，具有象征意义而无实际的功能。目前推测，这件装饰丰富的陶瓶是最伟大的黑绘制陶艺术家埃克塞基亚斯（Exekias）的作品。尽管它以传统工艺为基础，但坚固的造型、瓶身上精准而富于活力的纹样和人物，以及装饰元素与瓶体完美的比例关系，都构成了这件杰作的独特之处。

《位于博斯科莱尔的帕布里厄斯·法尼厄斯·西尼斯特别墅的壁画》

Wall painting from Room H of the Villa of —— *P. Fannius Synistor at Boscoreale* ——

地点 \ 发掘于意大利那不勒斯博斯科莱尔地区的帕布里厄斯·法尼厄斯·西尼斯特别墅
时间 \ 约公元前 50—前 40 年（共和国末期）
材料 \ 壁画
尺寸 \ 长 186.7 厘米，宽 186.7 厘米

西尼斯特别墅位于庞贝城不远处的一座小镇博斯科莱尔，这幅壁画则来自于别墅的 H 室，现推测 H 室要么是餐厅，要么是社交聚会室。这类装饰房间的壁画形式源于古希腊巨型绘画的传统，并有许多相关的文字记载流传下来。古罗马诗人希多尼乌斯·阿波黎纳里斯（Sidonius Apollinaris）、古罗马作家佩特罗尼乌斯（Petronius）和维特鲁威（Marcus Vitruvius Pollio）都曾在自己的著作中描述过巨型绘画在罗马别墅中的使用情况。

在这幅壁画中，坐着的弹奏古竖琴（kithara）的女人内穿一件紫色的贴身希顿长袍，外面披着白色的希玛纯外衣。她是一位体型丰满的年轻女子，戴着手镯、耳环和头带，头带的中央还有一个金色徽章。女人坐着的红色扶手椅富有光泽，制作精美，上面还雕刻着众多装饰图案。她怀里抱着的乐器不是一般的七弦琴，而是一把镀金的古竖琴，这是一种只有阿波罗和专业音乐家才能演奏的大型音乐会乐器。女人的身后是一位个子矮小、穿紫色裙子的小女孩，她也戴着金色的头带、手镯和耳环，小心翼翼地扒在扶手椅的靠背上。女人和女孩的目光都投向画外，这是传统肖像画中一种常见的人物处理方式。

根据近年的研究，这对女子可能代表马其顿的女王或公主，也可能是她的妹妹。奢华的镀金乐器和装饰华丽的王座椅以及精心渲染的黄金珠宝和头带，都给人一种尊贵的皇室成员的印象。无论具体的主题是什么，这幅画以及西尼斯特别墅里的其他画作都被誉为是古罗马对希腊艺术最成功的学习，也呈现出当时罗马生活的一些场景以及别墅主人的博学与趣味。

《吴兴赵氏三世人马图卷》

Grooms and horses

作者 \ 赵孟頫（1254—1322 年）、赵雍（1289—晚于 1360 年）、赵麟（活跃于 14 世纪后半叶）
时间 \ 1296 年
材料 \ 纸本水墨，卷轴
尺寸 \ 30. 厘米 × 178.1 厘米

这件《吴兴赵氏三世人马图卷》的卷轴画，由赵孟頫、赵雍、赵麟祖孙三代人的三幅《人马图》连缀而成，每段画作的左侧均有自题的款识。三幅《人马图》中，马的姿态虽略有差异，但都谨慎地描绘出“三足落地一足抬起”的动态，三个人物也都采取了手持缰绳恭敬侍立的姿态，每个人都显得小心而温驯，不经意间流露出内心的审慎和压抑。

画卷后方有多位后世画家的题跋，其中，公元 1362 年元代大画家王蒙的题跋将祖孙三人的绘画风格概括为：赵雍笔法“得曹霸为多”，

赵麟笔法“得韩干为重”，赵孟頫则“兼曹韩而获其神妙”。陈洪绶等人的评论认为“三老不失笔墨宗风，古来大小李将军、高家父子、米家父子之类比”，“古来父子祖孙以忠孝节义道应文学相传，不替者之类耳”等，都提示出赵氏祖孙三代在鞍马人物画风格方面的传续和发展。

赵孟頫，字子昂，号松雪，松雪道人等，吴兴（今浙江湖州）人，元代著名画家，能诗善文，尤其以书法和绘画成就最高，是元初画家中的标榜“古意”的代表性人物，文下的配图就是他的《人马图》。他提倡将书法性用笔融入绘画创作，曾以“石如飞白木如籀，写竹还应八法通。若也有人能会此，方知书画本来同”的诗句，明确提出所谓“书画同源”的艺术标准。他的绘画作品从唐及唐以前的古画中吸取营养，并结合书法中的用笔方法，从格调、技法、意境等方面为中国书画的发展开拓了新的方向，创造性地发展出新的笔墨要求和审美标准。赵雍，是赵孟頫的次子，书画继承家学，擅画山水，尤精人物鞍马，官至集贤待制、同知湖州路总管府事。赵麟，是赵雍的次子，赵孟頫之孙，善画人马，在山水画和书法方面也能承袭家传的赵氏风格。

《月下赏梅图》

Viewing plum blossoms by moonlight

作者 \ 马远（1140—1225 年）
时间 \ 13 世纪早期
材料 \ 水墨绢本裱于扇面上
尺寸 \ 25.1 厘米 × 26.7 厘米

马远的《月下赏梅图》是一件团扇形制的小景山水画作品，构图简洁明快，画面气氛宁静而悠远。作品前景中，左下角的山石采用了“大斧劈皴”的表现法，用凝练而简括的笔墨表现出山石的坚挺峻峭；一株老梅树从石缝中生出，枝干的表现手法遒劲老辣，用笔瘦屈如铁，梅树的姿态斜横曲折，如一条苍龙从山石间腾跃而起，向画面的右侧和上方攀升，构成了画面中最强有力的视觉支撑。中景和远景中的树木、岩石，用较淡的墨色表现，与前景中浓墨苍劲的老梅、巨石形成鲜明的色彩对比，并同时塑造了画面景深的层次感和空间效果，营造出早春薄雾弥漫、月光清幽的夜色氛围。此外，从画面左下方的山石、梅树到画面右上方高远处的圆月形成一种对角线式构图，将席地而坐的老者的目光引向夜空中冷光幽淡的月亮，从而使画面的意境得到延展和深化，形成笔简意丰的诗意效果，是中国传统诗意山水画中边角小景的代表性风格。

画中人物为“携琴探幽”的典型意象，老者持杖坐于巨石之上，望月怀古；身后的侍童携琴静立，一边陪主人赏梅观月，一边等着主任招呼，奉上素琴。一主一仆居于画面一角，与右侧高远处的冷月寒光遥相呼应，并在大面积留白的衬托下，共同构成了画面整体的叙事情境与“月下赏梅”的诗意主题，构图简洁而意蕴悠长，体现了南宋“边角之景”的典型样式。

马远，字遥父，号钦山，曾任南宋光宗、宁宗两朝画院待诏。山水取法李唐，笔力劲利阔略，皴法硬朗，喜作边角小景，世称“马一角”，有《踏歌图》《水图》等作品传世，与李唐、刘松年、夏圭并称“南宋四家”。

《维摩不二图卷》

Vimalakirti and the Doctrine of Nonduality

作者 \ 王振鹏（活跃于 1275—1330 年）
时间 \ 1308 年
材料 \ 纸本水墨，卷轴
尺寸 \ 39.2 厘米 × 218.3 厘米

这件手卷描绘了佛教经典《维摩诘经》中的一个场景，在这段经文中，居士维摩诘和代表智慧的文殊菩萨进行了一番辩法。根据经文所载，维摩诘在被要求解释佛法的终极含义时保持了沉默，巧妙地阐述了万法皆空的真谛。这一主题一直吸引着中国的儒家精英，因为它展示了一位有修为的在家居士如何在教义的领悟上超越了出家修行的菩萨。

这件手卷还是一个罕见白描形式的预备画稿，在绘制最终的彩色版本之前，这份白描线稿被提交给了未来的仁宗皇帝（1311—1320 年在位）进行审定。中国绘画中常用极具流动感的线条来描绘佛教人物衣纹，如高古游丝描、铁线描、行云流水描等，王振鹏所作《维摩不二图卷》中人物衣纹用笔严谨，线条规则挺劲，是铁线描笔法的精彩示范。画面中，文殊菩萨宝相庄严，双手合于胸前，作辩法状。摩诘居士宽袍大袖，一手持扇、一手结印，神态安然，仪态从容且具智慧德相，为典型的儒家士大夫模样。四周的罗汉、天王、居士、仕女、孩童等形象也都显得恭谨传神，卧榻的木纹、狮子的鬃毛等细节处亦刻画精细，是王振鹏以前人此题材作品为基础而绘制的精心之作。

王振鹏，字朋梅，号孤云居士，元代著名的画家，擅长人物画和宫廷界画，官至漕运千户，被元仁宗赐号为“孤云处士”，有《伯牙鼓琴图》《江山胜览图卷》等作品传世。

至大元年二月初一日拜住怯薛第二日
隆福宮花園山子上西荷葉殿內臣王振鵬特奉
仁宗皇帝潛邸聖旨臨金馬雲卿畫維摩不二圖草本

《奥地利的玛格丽特》

Margaret of Austria

作者 \ 吉恩·海伊（Jean Hey，约 1475—约 1505 年）
时间 \ 约 1490 年
材料 \ 橡木板油画
尺寸 \ 32.7 厘米 × 23 厘米

吉恩·海伊是文艺复兴早期的一位荷兰画家，他主要在法国和勃艮第公国工作，曾短暂地担任过波旁公爵的宫廷画师。美术史中关于吉恩·海伊的生平记载并不多，根据已有资料，艺术史家们推测他的绘画风格可能来自他的老师、荷兰早期画家中的代表人物雨果·凡·德·古斯。同时，他也可能就是当时广受欢迎的“穆兰城大师”（Master of Moulins）本尊。

在吉恩·海伊这件著名的《奥地利的玛格丽特》中，画家运用装饰风格的写实手法，描绘了皇帝马克西米利安一世（Maximilian I）的女儿，11 岁的奥地利的玛格丽特（1480—1530 年）的四分之三侧脸半身肖像。作为皇帝的女儿，奥地利的玛格丽特在 3 岁时就与法国的幼年王太子查理订婚，即未来的查理八世（Charles VIII of France，1470—1498 年），并在 1483 年至 1491 年短暂地担任了“法国女王”。公主 11 岁时，也就是这件作品完成后的一年，玛格丽特被自己未来的法国丈夫退婚了。

在海伊的这件作品中，公主的华服上保留了她与王太子查理订婚的历史证据。玛格丽特黑色衣领的金丝镶边上，字母 C 和 M 的花纹间隔连结，它们分别是太子查理和玛格丽特名字的首字母，表明了他们之间曾有的婚约。另外，玛格丽特头饰上的金贝壳链也可能是当时波旁王朝家族纹章中的一部分。玛格丽特佩戴着镶有红色宝石的精美项链，这硕大的红宝石是基督鲜血的象征，代表了基督的仁善，也暗示了佩戴者对信仰的虔诚。红宝石嵌在金色百合花上，百合花是圣母纯洁的象征。手持念珠的玛格丽特似乎完全沉浸在祷念的情境中。显然，对玛格丽特公主的身份、政治使命及其信仰的表现是吉恩·海伊这幅肖像画创作的重点。根据画中公主侧身的姿态以及当时肖像画的传统，这幅画在当年可能是一套双联画的左翼，其右翼或许是一幅“基督受难”主题的绘画，现已丢失。

《萨达的盛宴》，出自沙赫·塔赫马斯普一世的《列王记》

The Feast of Sada, From the Shahnama（Book of kings）of Shah Tahmaasp

作者 \ 阿布·卡西姆·费尔道西（Abu'l Qasim Firdausi，约 940/41—1020 年）
时间 \ 约 1525 年
材料 \ 不透明水彩、墨、银和金绘于纸本上
尺寸 \ 47 厘米 × 31.8 厘米（书页）

《列王记》是波斯民族的史诗，由波斯诗人菲尔多西（Ferdowsi）在 1010 年左右完成，记述了从创世纪到波斯帝国被伊斯兰帝国征服之间的漫长历史，不仅包括波斯历史上五十位帝王公侯的生平事迹，而且还汇集了数千年来流传在民间的神话传说和历史故事。图中这部《列王记》手抄本，出自沙赫·塔赫马斯普一世（Shah Tahmasp I，1524—1576 在位）时期，共七百五十九页，其中二百五十八页配有细密画插图，它可能是有史以来最精彩的手抄本。特别是这些珍贵而完美的插图，堪称波斯细密画艺术的巅峰之作。这份手稿在 20 世纪 70 年代被拆散，现散藏于世界各地的多家博物馆。

在波斯第一任苏丹加尤马尔斯（Gayumars）的孙子胡尚（Hushang）统治时期，波斯世界在锻造、矿物特性、农业、灌溉技术等方面都取得了新的发展，博物馆的这页手稿就表现了这些新发展的一个侧面。画面的内容是一个与胡尚有关的故事：有一天，胡尚发现湖上的岩石背后潜藏一条龙，于是他向龙扔了一块石头，石头没有击中怪龙，却因为与另一块更大的石头相撞而激起了火花。胡尚对“击石取火”的现象似有所悟，于是再次投石，并最终点燃了巨大的篝火，为此，他还举行了一场盛大的宴会来庆祝对火的发现。作品中，胡尚位于椭圆形画面的中心，众多的人物、动物和植物形成一种环绕式的构图，山脉在椭圆的底部逐渐形成并升高，甚至冲出画面直达页面的边缘，精致的细节刻画和椭圆形构图都是这件细密画作品的典型特征。

波斯细密画极负盛名并在公元 14—16 世纪达到全盛，当时的波斯拥有一支庞大的细密画队伍，是伊朗美术创作的一个高峰期。随着活字印刷术和照相术的发明与普及，细密画逐渐消失，但细密画的艺术风格仍对现代艺术的发展产生了深远的影响。

بدان ایزدی جاه و فرّ کیان ز نخچیر گور و گوزن ژیان
جدا کرد گاو و خر و گوسفند بورز آورید آنچه بد سودمند
وزیشان بورزید وزیشان چرید همی خویشتن تاج را پرورید
ز پویندگان هرچه مویش نکوست بکشت و ز سرشان برآهیخت پوست
چو سنجاب و قاقم ز روباه نرم چهارم سمورست کش موی گرم
برین گونه از چرم پویندگان بپوشید بالای گویندگان
ببخشید و گسترد و خورد و سپرد برفت و جز از نام نیکی نبرد
بسی رنج برد اندران روزگار بافسون و اندیشهٔ بی‌شمار
بگشت از برش چرخ سالی چهل پر از هوش مغز و پر از داد دل
چو پیش آمدش روزگار بهی ازو مرد را ماند تخت مهی

《赫尔曼·冯·韦迪格三世》

Hermann von Wedigh III

作者 \ 小汉斯·霍尔拜因
时间 \ 1532 年
材料 \ 橡木板上油画
尺寸 \ 41 厘米 × 31 厘米

小汉斯·霍尔拜因是一位德国裔瑞士画家和版画家。他来自一个画家家族，其名字前的“小”或“年轻”的前缀，意在与他的父亲、一位多才多艺的晚期哥特式画家老汉斯·霍尔拜因进行区分。作为一位真正的文艺复兴者，无论是在巴塞尔还是伦敦，小汉斯·霍尔拜因都广泛地结交了当时最伟大的人文主义者，其创作从绘画到书籍插图，再到彩色玻璃的设计，对绘画、对设计、对宗教改革和宣传都贡献了自身独到的见解。

1523 年，小汉斯·霍尔拜因以《鹿特丹的伊拉斯谟肖像》（*Portrait of Erasmus of Rotterdam*）一画闻名于世，也因此与伊拉斯谟结为好友。1526 年，霍尔拜因在伊拉斯谟的推荐下前往英国，并受到了以托马斯·莫尔（Thomas More）为首的人文主义圈子的欢迎，迅速建立了自己的声望。在安妮·博林（Anne Boleyn）和托马斯·克伦威尔（Thomas Cromwell）的赞助下，小汉斯·霍尔拜因于 1532 年再次前往英格兰，这一次他一直待到了 1543 年，并在 1535 年时成为英格兰国王亨利八世的宫廷画家。也正是在这第二次的英国逗留期间，霍尔拜因认识了他的新客户，即来自汉萨同盟（Hanseatic League）的德国商人、科隆贸易家族的核心韦迪格家族的成员——赫尔曼·冯·韦迪格三世。此时的韦迪格三世 29 岁，是家族的驻英代表。这幅《赫尔曼·冯·韦迪格三世》的肖像画再次说明了霍尔拜因被视为世界上伟大的肖像画家之一的原因，其明亮的色彩、精确的画法以及清晰明确的人物塑造，都构成了一个引人注目和令人印象深刻的形象。韦迪格三世左手的戒指上刻着科隆韦迪格家族的纹章，前景书籍中夹着的纸上用拉丁文写着“真相滋生仇恨”（Truth breeds hatred），出自特伦斯（Terence，约公元前 195 年至约前 159 年）的罗马喜剧《安德里亚》（*Andria*）。这句话深受当时人文主义者的欢迎，因此插入的纸条可能指的是这本书的内容，也可能是韦迪格三世的个人座右铭。

《帕里斯的审判》

The Judgment of Paris

作者 \ 老卢卡斯·克拉纳赫（Lucas Cranach the elder，约 1472—1553 年）
时间 \ 约 1528 年
材料 \ 山毛榉木板上油画
尺寸 \ 102 厘米 × 71 厘米

老卢卡斯·克拉纳赫是德国文艺复兴时期的多才多艺的艺术家之一，也是马丁·路德（Martin Luther）的密友，宗教改革的坚定支持者。他画了许多说教式的宗教绘画，也创作了一系列围绕宗教或神话的经典裸体女性形象。这是因为在维滕贝格（Wittenberg）著名的萨克森公爵（Electors of Saxony）宫廷中，富有吸引力的性感女性深得赞助人的欢心，尤其是以维纳斯为主角的场景最受欢迎。这件创作于 1528 年的《帕里斯的审判》正是这种审美偏好的体现。在老卢卡斯·克拉纳赫的职业生涯中，他和他的工作室就这一主题共画了十多个版本。

“帕里斯的审判”来自于希腊神话。传说凡间的英雄珀琉斯（Peleus）和海洋女神忒提丝（Thetis）在举办婚礼时没有邀请不和谐女神埃里斯（Eris），于是感觉蒙羞的女神将一个写有“赠给最美丽的女神”的金苹果投到众神聚会的婚礼上，这引发了神后赫拉、智慧女神雅典娜和爱神维纳斯的争端。为了得到金苹果，三位女神决定由特洛伊王子帕里斯进行仲裁。画面中，树下的帕里斯身穿画家同时代的盔甲，正在思考的他看上去面有难色。面前的女神们为了获得金苹果，都分别许以他诱人的承诺。神后赫拉许以他权力，雅典娜将赋予他智慧，维纳斯则以世间最美丽的女人作为交换。众神的使者墨丘利站在帕里斯和女神们的中间，他的手上拿着令人垂涎的金苹果（这里变成了一个玻璃球）。画面左上角的丘比特将他的箭对准了戴着红帽子的维纳斯，这也意味着帕里斯最终的决定。为了实现对帕里斯的承诺，维纳斯帮助帕里斯拐走了绝色美人海伦，也由此引发了长达十年的特洛伊战争。

老卢卡斯·克拉纳赫的女性裸体可以说是艺术史中极独特的人体画风格之一，它摒弃了当时流行的意大利影响，而复兴了晚期哥特式风格。他将女性的头部和肩部画得小而窄，将胸部和腰部提得很高，由此将她们扭曲的姿势变得更具诱惑力。画面中面容相似的三位女神在艺术家的巧妙安排下，从不同角度向观者展示了女性的裸体美。

ANNO. 1532.
ÆTATIS. SVÆ. 29.

《收玉米（八月）》

– The Corn Harvest（August）–

作者 \ 老彼得·勃鲁盖尔
时间 \ 1565 年
材料 \ 木板油画
尺寸 \ 118 厘米 × 161 厘米

老彼得·勃鲁盖尔于 1565 年完成的这幅油画《收玉米（八月）》，是由安特卫普的银行家和艺术收藏家尼古拉斯·琼赫林克（Nicolaes Jonghelinck）委托创作的。尼古拉斯·琼赫林克在当时委托艺术家就一年中的不同时节创作六组系列作品，用以装饰他在荷兰郊区的住宅。目前其中五幅仍在原处，其他四幅分别藏于维也纳艺术史博物馆（Kunsthistorisches Museum）和布拉格的洛布科维茨宫（Lobkowicz Palace），其他作品是否遗存不详。在这些关于月份的系列创作中，勃鲁盖尔将人物和风景进行了令人惊叹的和谐组合，展现出人类对自然的关注，也由此激发出观者的强烈情绪，并感叹人类的活动在大自然面前的微不足道。

在这幅《收玉米（八月）》中，勃鲁盖尔描绘了 8 月夏末的炎热。在这个收获的季节里，采收玉米的劳动者们已经精疲力竭，他们或躺或坐、或吃饭或小睡。如同画家其他的众多画作一样，勃鲁盖尔关心的是农民的工作与生活，而非当时流行的风景画中常常体现的宗教主题。这里充分地展示出 16 世纪比利时温和质朴的乡村生活以及农民们对粮食的生产与消费。

在俯视的全景式风景中，前景的大树下有一群淳朴的农民，他们正围坐在一块白布边吃饭，看上去劳累而满足。画面的最右边有一个人倒挂在树上，用力地摇晃着树枝，树下是两个弯腰捡苹果的农民。画面中间的远景中，村庄外的草地上，有一群正在玩砸公鸡游戏（cock-shying）的人。这是一种流行于 18 世纪末英国乡村的野蛮游戏：用绳子将活着的公鸡与一根固定的柱子连结起来，然后用所谓的"公鸡棒"去砸鸡，直到鸡被砸死。草地左边的池塘里还有在里面洗澡嬉戏的孩子们……这幅画自 1919 年以来一直在大都会艺术博物馆展出，大都会艺术博物馆将这幅画称为"西方艺术史中的分水岭"和"第一幅现代风景画"。

《音乐家》

The Musicians

作者 \ 米开朗基罗·梅里西·达·卡拉瓦乔
时间 \ 约 1595 年
材料 \ 布面油画
尺寸 \ 92 厘米 × 118.5 厘米

自 1952 年以来，卡拉瓦乔的《音乐家》一直在纽约大都会艺术博物馆展出，并于 1983 年进行过整体修复。根据与卡拉瓦乔同时代的画家乔瓦尼·巴格林的记录，大约在 1595 年，卡拉瓦乔结识了红衣主教弗朗切斯科·马利亚·德尔·蒙特（Francesco Maria del Monte），德尔·蒙特也成为了卡拉瓦乔的第一位大赞助人，因此画家立即为德尔·蒙特画了一幅关于音乐会的作品。画中的青年人演奏着从大自然中汲取的优美音乐，最醒目的是那位弹奏着鲁特琴的青年。卡拉瓦乔后来还为主教绘制了《弹鲁特琴的音乐家》（现藏于圣彼得堡艾尔米塔什博物馆），与《音乐家》成为姊妹篇。这些音乐家是卡拉瓦乔在享誉罗马之前最朴实性感的人物。

在《音乐家》中有四位穿着古典装束的男孩，其中三位在演奏各种乐器或唱歌，左后方的第四位则打扮成丘比特的样子，正伸手去拿一串葡萄。显然，这是一幅关于寓言的绘画，丘比特代表的爱情在这里与音乐联系了起来，就像食物代表着生命一样。这幅画的手稿还显示，画中的男孩们正在练习歌颂爱情的牧歌，而作为主角的鲁特琴的演奏者，眼中饱含着泪水，由此推测这大概是一些描述爱情的悲伤而非快乐的歌曲。前景中，几乎要伸出画外的小提琴则暗示着第五位参与者——音乐会的观众。

16 世纪末期，对音乐家和演奏的展示是一个流行的主题，因为当时的教会，尤其是受过良好教育的主教，如德尔·蒙特等，正积极支持音乐的复兴，鼓励对新的音乐风格和形式的尝试。这种表现音乐的场景显然是世俗的而非宗教的，它的图像传统可以追溯到威尼斯画派的时代，提香的《田园音乐会》（*The Pastoral Concert*）正是这一绘画类型的经典源头。

《拿着水壶的年轻女子》

Young Woman with a Water Jug

作者 \ 约翰内斯·维米尔
时间 \ 约 1662 年
材料 \ 布面油画
尺寸 \ 45.7 厘米 × 40.6 厘米

1887 年，美国金融家亨利·格登·马昆德（Henry Gurdon Marquand）在巴黎的一家画廊以 800 美元的价格购买了这幅《拿着水壶的年轻女子》。次年，马昆德将它带到美国，这是登陆美国的第一幅维米尔的作品。同年，马昆德将这件珍贵的艺术品连同他的其他收藏全部捐赠给了大都会艺术博物馆。

这件作品的构图简单而平衡：一位年轻的女子站在房间的角落里，她的头部和身体转向画面的左边，右手正在拉开窗户，左手端着一个水壶。黄铜的水壶被放在同样材质的托盘上，与放着项链的首饰盒一起，放在一张铺着东方风格红毯的桌子上。桌子的后面是一把维米尔绘画中常常出现的椅子，上面搭着蓝色的布料，背景的墙上挂着一张地图。

17 世纪中期，维米尔意识到光是由色彩组成并相互影响的。因此，在画家这一时期的创作中，他不再使用线性透视和几何秩序，而是强调光线。年轻女子戴着的头巾和领子都是白色，连衣裙是深蓝色，紧身胸衣是黑色和金色，整体呈现出黄色和蓝色的呼应，也勾画出光线的透彻与清新。搭在椅子上的蓝色布料在金属水罐的侧面反射出深蓝色，织物的红色修饰了盆底面的金色。完美的构图与宁静优雅的色彩，构成了大师这件代表作的特色。这里的光、色彩与构图带有一种抽象的倾向，是大师渐趋成熟的特征，也是画家从早期风格转向成熟的微妙演变的标志。

维米尔的一生总共创作了不到五十幅画作，其中三十四幅留存下来。在这些现存的作品中，其内容几乎都是表现室内的日常生活，作品的尺寸都不大，用色以蓝色、黄色和灰色为主。画面中的窗户照亮了空间内的一个或两个人物，在构图平衡和充满秩序感的室内，平凡的家庭或娱乐活动充满诗意的永恒。

《算命者》

The Fortune Teller

作者 \ 乔治 · 德 · 拉 · 图尔
时间 \ 约 1630 年
材料 \ 布面油画
尺寸 \ 102 厘米 × 124 厘米

《算命者》是法国艺术家乔治 · 德 · 拉 · 图尔于 1630 年左右创作的一幅油画。该作品于 1960 年左右被发现，并于当年被纽约大都会艺术博物馆购买收藏。

乔治 · 德 · 拉 · 图尔在这幅《算命者》中描绘了 17 世纪上半叶流行的卡拉瓦乔式场景：一位年轻的骑士（浪子）正在被一群女人合伙欺骗。画面中，着装精致的富有男性站在女人们的中间，右边的老妇人正在给他算命。老妇人的右手拿着一枚硬币，仿佛刚从年轻男子摊开的手中接过来，他们的姿态和动作代表着算命这个活动。同时，他们具有仪式感地抬起的双手，也再次强化了欺诈发生的瞬间。这里围绕着年轻男子的几位女性都带有吉卜赛人的特征，也进一步加深了当时流行的成见——吉卜赛人常常是行踪不定的骗子或小偷。当这个年轻男子全神贯注于算命时，画面最左边的女人则从他的口袋里偷走零钱包，而她左侧的同伴正准备接过战利品。男子左边的、戴着白色头巾、脸色苍白的女孩不太具有吉卜赛人的特征，但她也在表演，因为她隐藏在视线以下的双手正在剪断男子佩戴的金链条上的勋章。画中的人物都靠得很近，他们的神情与动作如同表演。拉 · 图尔的这种紧密的构图，可能受到当时流行的戏剧场景的影响。

乔治 · 德 · 拉 · 图尔的大部分职业生涯都在洛林公国度过，该公国在 1641 年至 1648 年间被暂时并入法国。作为一名面包师的儿子，拉 · 图尔早年的受教育经历并不清楚，目前有推测他在职业生涯早期曾去过意大利或荷兰。在他职业生涯的顶峰时期，拉 · 图尔主要通过烛光来表现戏剧性的宗教场景，并在当时的宗教界获得了广泛推崇。1652 年，他与他的家人们一起死于一场突如其来的流感，之后他的艺术影响力也逐渐在历史中消失，直到 20 世纪初才再次为人所知，并从 20 世纪 20 年代开始备受推崇。

G. de La Tour fecit Luneuilla

《宇津山》

Mount Utsu

作者 \ 俵屋宗达（Tawaraya Sotatsu，不详—约 1640 年）
时间 \ 约 1634 年
材料 \ 诗牌装于卷轴上；纸上的墨、金和色粉
尺寸 \ 24.6 厘米 × 20.8 厘米

俵屋宗达是从安土桃山时代到江户初期（1596—1643 年）活跃在京都的町绘师（民间画师），他出身于京都折扇商的庶民家庭，本姓野野村氏，讳宗达，字伊年，雅号“对青轩”。据说宗达曾管理过一间小规模的装饰画作坊（当时被称之为“绘屋”），这也是他名字中有“俵屋（たわらや）”二字的原因。俵屋宗达的一生充满传奇色彩，其艺术深受日本京都附近宫廷文化影响，作品具有较强的艺术性，尤其以大胆豪放的金银用色和富于抽象美感的画风闻名，是江户时代最受欢迎的装饰风格。大约在 1634 年（宽永十一年），俵屋宗达放弃绘画而开始了隐居的生活。俵屋宗达与尾形光琳都被认为是日本装饰艺术史上的大师级艺术家，俵屋宗达是“宗达光琳”派的始创人，而尾形光琳则是“琳派”的代表人物。

这张诗页是现存二十多张中的一页。这些诗页上都是以日本平安时代初期（约公元 10 世纪）文学作品《伊势物语》为表现内容的场景画，画面上还配有书法家题写的从场景对应的相关章节中摘录的诗句。在这一页中，一位朝臣在前往京都的途中遇到了一位行脚僧，于是朝臣就请这位僧侣为自己远方的爱人带去问候。

在“悲伤的山丘”中
宇津山
骏河国，
我无法遇见我的爱人，
甚至在我的梦里都没有。
——由约翰·T. 卡彭特（John T. Carpenter）译

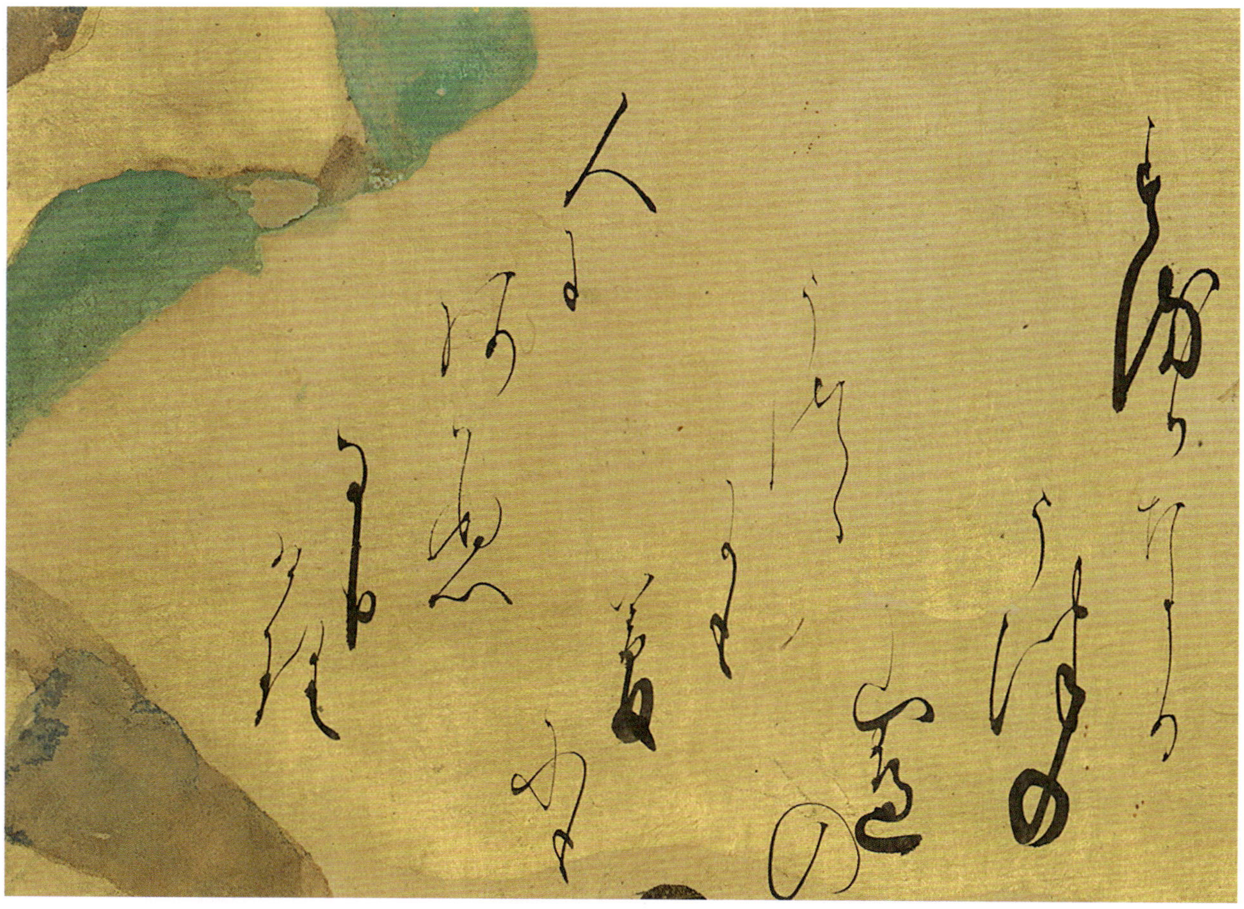

《苏格拉底之死》

The Death of Socrates

作者 \ 雅克—路易·大卫（1748—1825 年）
时间 \ 1787 年
材料 \ 布面油画
尺寸 \ 130 厘米 × 196 厘米

《苏格拉底之死》是法国画家雅克—路易·大卫于 1787 年创作的一幅新古典主义风格的油画。它描绘了一个古典时代的主题：苏格拉底之死。这个故事的具体描述来自柏拉图的《斐多篇》（*Phaedo*），当时的雅典政府指责苏格拉底不虔诚，因为他通过自己的教义去“腐蚀败坏”雅典的年轻人。被定罪后的苏格拉底只有两个选择，要么放弃自己的信仰，要么接受叛国的罪行而被处死。最终，苏格拉底以自己的死作为给学生们的最后一课——他要忠于自己的信念，同时也接受法律的判决。画面中的苏格拉底在与自己的学生讨论灵魂的不朽后从容赴死。

在创作这件作品时，风起云涌的法国大革命即将到来，当时的改革派普遍地视古希腊和古罗马的公民美德为治愈旧政权的有益解药。敏锐的大卫适时地选择了这个古典题材，在作品中清晰地表达了他对共和的美德和哲学原则的企盼与认同，也因此在同年的沙龙展上获得了非同凡响的成功，《苏格拉底之死》也由此而成为画家新古典主义风格的宣言。

画中年迈的苏格拉底身着白袍端坐在床上，他从容而冷静，左手指天，右手正试图接过装满毒酒的红碗。他的周围是不同年龄的朋友和学生，这些人都表现出不同程度的悲伤。递给他红碗的年轻人，扭过身去，左手托着自己的脸，这一幕让他不忍直视。石凳上的克里托（Crito）右手搭在老师的膝盖上，正专注地聆听。在画面的左边，透过背景中的拱门，我们还可以看到其他悲伤的人们。苏格拉底的妻子赞西佩（Xanthippe）站在楼梯上向画外张望，显得若有所思。

画家大卫在这件作品中的两个地方都留下了自己的名字：完整的签名写在了克里托坐着的石凳上，而名字的首字母则签在了柏拉图坐着的石凳上。大卫签名的位置通常具有象征意义，写在柏拉图身下的名字首字母代表了对故事来源的肯定以及对灵感的感激。克里托身下的完整签名则意味着艺术家对他的认同。克里托是仅次于苏格拉底的视觉中心，他抓着老师的大腿，通过这种方式，大卫也将自己视为了同样紧抓苏格拉底所代表的道德和价值观的人。

《乔治·华盛顿》

George Washington

作者 \ 吉尔伯特·斯图亚特（1755—1828 年）
时间 \ 1795 年
材料 \ 布面油画
尺寸 \ 77 厘米 × 64 厘米

吉尔伯特·斯图亚特是一位来自罗德岛殖民地的美国画家，也是美国重要的肖像画家之一。这幅《乔治·华盛顿》肖像正是他最著名的作品。1795 年，斯图亚特第一次画了乔治·华盛顿的肖像，受到了极其热烈的欢迎。随后，画家本人接受了来自美国国内和国外赞助人的至少三十二件复制委托，目前有十八件存世。与此同时，他创造的乔治·华盛顿的形象，两个多世纪以来一直都是一美元钞票的票面图案，同时也常见于 19 世纪和 20 世纪初的各种邮票上，可以说是美国本土传播最为广泛的人物形象之一了。

1793 年，从苏格兰求学归来的斯图亚特回到美国，即使在学习了英国的绘画风格和技术之后，他仍然保留了殖民时期肖像画的现实主义风格，并以娴熟的技巧、出色的构图和对色彩的敏感运用构成了自己的艺术特色。在这幅生动的《乔治·华盛顿》肖像中，总统五官的准确性和人物所表现出的自然活力完美融合，似乎他的绘画对象也在创作的过程中享受了愉悦。另一位著名的美国前总统约翰·亚当斯（John Adams）的回忆印证了这个事实：“一般而言，在完成一个人的肖像绘画时，你的坐姿总是很拘谨，也常常是不自然的，这显然是对脾气的考验。但从 1 月 1 日到 12 月末与斯图亚特待在一起的时光里，他让我做我喜欢做的事，并让我不断地被他的谈话逗乐。”除此之外，斯图亚特还以不绘制草图、直接在画布上创作而闻名，这在当时是非常不寻常的。他在给学生马修·哈里斯·朱厄特的建议中阐明了自己的这种方法：“永远不要吝啬你的颜色，直接画下你看到的对象，但要尽可能地保持每一种颜色的独立，不要去混合，一旦混合就会破坏清透漂亮的效果。”斯图亚特的这种肖像创作方式对 19 世纪早期的许多美国肖像画家产生了深刻的影响。

《夏洛特·杜·瓦尔·德·奥格尼斯小姐的肖像》

Portrait of Mademoiselle Charlotte du Val d'Ognes

作者 \ 玛丽—丹尼斯·维勒斯（Marie-Denise Villers，1774—1821 年）
时间 \ 1801 年
材料 \ 布面油画
尺寸 \ 161.3 厘米 × 128.6 厘米

玛丽—丹尼斯·维勒斯是一位专门从事肖像画的法国女画家。她出生于巴黎，是家中三个姐妹中最小的那一个。在维勒斯的家族中，她与姐姐们以及远房的表妹都接受过专业的肖像画训练。1799 年，维勒斯在巴黎沙龙结识了当时著名的新古典主义画家安·路易·吉罗代·特里奥松，后开始向弗朗索瓦·热拉尔和雅克—路易·大卫学习绘画。同年，她开始在巴黎沙龙展出自己的作品，并成为那个时代少有的专业女性画家。

这幅《夏洛特·杜·瓦尔·德·奥格尼斯小姐的肖像》是维勒斯最著名的作品，画中描绘了一位在破窗前画画的女人，在她的身后，窗外另一栋大楼的栏杆上是一对正在交谈的夫妇。这是一幅令人难忘的完美画面，看向画外的年轻女人的凝视和破碎的窗玻璃让人不安，同时也意味着被画的对象就是正在看画的观众。

这幅肖像画在完成之初属于画中的女主人奥格尼斯家族，但在后来的传承中却经历了曲折的历程，常常被归属于不同的艺术家。最初它被认为是雅克—路易·大卫的作品，1917 年当大都会艺术博物馆买下它后，它被称为“纽约大卫”（the New York David）。到了 1951 年，艺术策展人查尔斯·斯特林（Charles Stirling）则声称这幅画实际上是由一位“鲜为人知的女性”绘制的。此后几十年，因为各种不确定因素，根据大都会艺术博物馆的政策，这件作品的名称和艺术家署名都被取消了。直到 1995 年，玛格丽特·奥本海默（Margaret Oppenheimer）才成功地为维勒斯正名。也正因为如此坎坷的求证过程，后来的艺术评论家，如杰曼·格里尔（Germaine Greer），就采用了更现代的理论来阐释这件作品：这幅“既不寻求魅力，也不寻求描绘其对象性活力”的画作，本质上是一幅女性主义的作品。

J. INGRES. P 1853

《布罗伊公主》

Princess de Broglie

作者 \ 让 · 奥古斯特 · 多米尼克 · 安格尔
时间 \ 1851—1853 年
材料 \ 布面油画
尺寸 \ 121 厘米 × 91 厘米

《布罗伊公主》是法国新古典主义艺术家安格尔于 1851 年至 1853 年间绘制的一幅油画，描绘了宝琳·德·布罗伊（Pauline de Broglie，1825—1860 年）的肖像。宝琳·德·布罗伊于 1845 年与第四代布罗伊公爵阿尔伯特结婚，婚后冠以夫姓。布罗伊公爵也就是后来的第 28 任法国总理阿尔伯特·布罗伊，但结婚时他们分别称自己为“公主”和“王子”，因为布罗伊家族曾获得“神圣罗马帝国王子”的头衔（1759 年）。布罗伊是一位非常聪明和虔诚的女性，她一生博览群书并撰写了大量文章，但她的害羞也是众所周知的。1845 年，公爵在看到安格尔为他的妹妹豪森维尔公爵夫人画的肖像（现藏纽约弗里克收藏馆）后深受打动，于是也希望艺术家能够为自己的妻子绘制一幅。 1850 年，阿尔伯特联系到安格尔，并邀请画家与布罗伊家族成员共进晚餐，一位知情者称，画家“似乎对他的模特非常满意”。

安格尔花了三年的时间来绘制这幅《布罗伊公主》肖像，作品完成时宝琳 28 岁，但画中人物的忧郁气质似乎预示了宝琳人生的悲剧。两年后她患上了肺结核，并于 1860 年去世，年仅 35 岁，留下了五个儿子和一个悲伤的丈夫。阿尔伯特虽然活到 1901 年，但他伤心欲绝，没有再婚。这幅肖像一直挂在他们的家中，后作为布罗伊家族的珍贵财产，于 1958 年被银行家兼艺术品收藏家罗伯特·雷曼收购后转卖给大都会艺术博物馆。

画面中，安格尔运了古典主义最柔美与光滑的笔触，展现出布罗伊身着的华服、佩戴的饰品和空间织物的材料质感：镶着蕾丝的蓝色缎面舞会礼服、搭在靠椅上的金色刺绣披肩和丝绸锦缎的椅子，以及精心加工的珍珠首饰、珐琅和黄金。这幅《布罗伊公主》肖像也是艺术家人生中接受的最后一件人物肖像定制，因为在画家生命的后期，他希望放弃这些赞助，以追求“更宏大的东西”。有趣的是，画家在 1845 年至 1853 年间创作的最后一系列贵族肖像画却成为他艺术成熟期极为伟大的成就之一。

《暴雨后马萨诸塞州北安普敦圣轭山风景（牛轭湖）》

View from Mount Holyoke, Northamptom, Massachusetts, after a Thunderstorm
（*The Oxbow*）

作者 \ 托马斯 · 科尔（Thomas Cole，1801—1848 年）
时间 \ 1836 年
材料 \ 布面油画
尺寸 \ 131 厘米 × 193 厘米

《暴雨后马萨诸塞州北安普敦圣轭山风景》又称为《牛轭湖》，是哈德逊河画派创始人托马斯·科尔具有开创性的风景画。托马斯·科尔以浪漫主义的手法为美国的自然风光注入了一种崇高的宏伟感，使之成为美国风景绘画的典范。

在这件作品中，托马斯·科尔采用了他惯用的俯瞰式全景构图来展现雷雨过后壮丽的康涅狄格山谷全景。画面的前景中有一把插在山腰岩石上的红白伞，伞下是艺术家的写生用具，包括一个有托马斯·科尔签名的写生手提箱。画家自己出现在几米外的地方，他头戴黄色的平顶帽，下半身被嶙峋的岩石和树丛遮挡，看起来很小。科尔是整幅绘画中唯一可见的人物，他插上的遮阳伞似乎是一面旗帜，显然画家对这一场景的明确设置充满了道德意义和个人思考：他是一个美国人，正在创作美国的艺术，他要与美国风光融为一体。

画面的右侧是科尔曾在信件中提及的世外桃源，此时狂暴的雷阵雨刚刚过去，被冲洗后的自然充满诗意、生机盎然：平整的田野、星罗棋布的树木以及蜿蜒其间的河流，河道优雅的 U 形展现出大自然的伟力，田园的上空已经放晴，透出金色的阳光。相比之下，画面的左边仍然是雷雨过境的景象，狂暴的天气正在肆虐，山野中的原始森林飘摇不止，一道闪电刚刚穿透了厚重的乌云，近景中受雷击的腐朽树干再次呼应了大自然的破坏力。艺术家在这里还通过未驯服的荒野与田园聚落的戏剧性并置，隐喻了荒野和文明的冲突与对撞。似乎对美国人来说，美国风景中具有的精神意义的“荒野”正因文明的到来而受到威胁，这也是美国民族未来需要面对的问题。

《顺密苏里河而下的毛皮商人》

Fur Traders Descending the Missouri

作者 \ 乔治 · 迦勒宾 · 宾汉姆（George Caleb Bingham，1811—1879 年）
时间 \ 1845 年
材料 \ 布面油画
尺寸 \ 74 厘米 × 92 厘米

《顺密苏里河而下的毛皮商人》是乔治 · 迦勒宾 · 宾汉姆于 1845 年创作的一幅风俗画，也是宾汉姆的著名的画作之一。1845 年，宾汉姆在密苏里州中部度过了漫长的冬春，并于夏天带着这件作品及其他绘画回到了他位于圣路易斯（St. Louis）的家。后来他将这些作品寄给了纽约美国艺术联盟（New York's American Art-Union），这是一个通过展览和发行流行版画的方式在全美推广美国艺术的组织。《顺密苏里河而下的毛皮商人》最初的名字是"法国商人和混血儿子"（French Trader & Half breed Son），后经艺术联盟建议，改成了现在这个更易懂和争议更少的名字。其最初的名字反映了这些来自各地（主要是法国）的毛皮商人与美洲原住民妇女结婚的事实，他们的后裔被称为梅蒂斯人（Métis），是目前美国和加拿大三大原住民族群之一。

宾汉姆来自美国的乡村，是一位热衷于冒险的画家，常年的户外创作还将他塑造成了边境生活的专家。在这幅美国风俗画的杰作中，画家描绘了一位法裔加拿大毛皮商人生活中的一个时刻，这是一位将商业与探险结合起来的、采用多种野外生活方式的旅行者。老商人的无边帽表明了他的法国血统，他警觉地凝视着画外，而他那半印第安血统的儿子则在无忧无虑地遐想。船尾处耳朵尖尖的动物可以依稀地分辨出长而尖的鼻子和微微露出的舌头。它可能是一只黑狐，黑狐皮是当时最昂贵的、也最令人向往的毛皮。同时，许多美洲原住民部落也将黑狐视为具有某种精神象征意义的生物。宁静明亮的氛围、密苏里河的晨光、美国边境紧凑且神秘的剪影……宾汉姆理想化的浪漫主义处理，将美国边境中最普通不过的场景提升到了诗意和戏剧的高度。

《安第斯山脉的心脏》

The Heart of the Andes

作者 \ 弗雷德里克·埃德温·丘奇（Frederic Edwin Church，1826—1900 年）
时间 \ 1859 年
材料 \ 布面油画
尺寸 \ 169 厘米 × 303 厘米

《安第斯山脉的心脏》是美国艺术家弗雷德里克·埃德温·丘奇于 1859 年创作的一幅大型风景油画，描绘了南美安第斯山脉理想化的风景。这件作品在 1859 年展览之初便轰动一时，丘奇也因此成为美国最知名也最重要的风景画家。

丘奇是哈德逊河画派创始人托马斯·科尔最杰出的学生，他也因此成为第二代哈德逊河画派的代表画家。但与他的老师科尔不同，丘奇并不局限于对纽约和新英格兰的关注。19 世纪 50 年代，受伟大的探险家亚历山大·冯·洪堡（Alexander von Humboldt）的影响，丘奇多次前往南美洲，《安第斯山脉的心脏》的灵感便来自画家的第二次南美之旅。

1857 年春天，丘奇在九天的厄瓜多尔旅行中勾勒了大量的素描和水彩风景，而这些草稿中的众多元素都成为《安第斯山脉的心脏》中的细节。这幅画于 1859 年 4 月 27 日在纽约百老汇 756 号的莱瑞卡大厅（Lyrique Hall）公开亮相，随后又搬到了第十街工作室大楼的画廊中展出。据说那是一间黑暗的屋子，作品被放在银色反光镜后面的煤气灯照亮。展览引起了巨大的轰动，展出期间大约有一万两千到一万三千名观众愿意支付 25 美分的门票来观赏这一杰作。

在这幅理想化的风景画中，景观中央的右侧是瀑布与波光粼粼的河流，远处是厄瓜多尔白雪皑皑的钦博拉索山（Chimborazo）。山脉从右到左逐渐下降，倾斜的山势引导着观众的目光看向人迹罕至的乡村，在那片中央平原上有小村庄和教堂。靠近前景的地方，被阳光照亮的十字架前是两个当地人。十字架和教堂的存在表明，这里是西班牙的殖民地，但宗教与景观和平共处。丘奇的签名出现在左下方前景中最明显的那棵树上，阳光也再一次强调了签名的位置。整幅绘画以精准的比例详细地再现了风景中错综复杂的树叶、鸟类、蝴蝶和各种自然景观，风景如画的美学原则、艺术道德与自然世界的统一，在丘奇的这件作品中得到了最充分的体现。

《落基山脉兰德峰》

The Rocky Mountains, Lander's Peak

作者 \ 阿尔伯特·比尔施塔特（Albert Bierstadt，1830—1902 年）
时间 \ 1863 年
材料 \ 布面油画
尺寸 \ 186.7 厘米 × 306.7 厘米

阿尔伯特·比尔施塔特是一位德裔美国画家，以描绘美国西部优美广阔的风景而闻名。作为哈德逊河画派的第二代成员，他也带着同样的浪漫主义情怀穿梭在哈德逊河畔的群山中，用精心细致的笔触和发光主义（Luminism）的风格，诠释了新美国风景画。此外，他还以一系列卓越的落基山风景画被归为落基山学派（Rocky Mountain School），这件《落基山脉兰德峰》便是其中的一件。

1859 年初，比尔施塔特随同后来的美国内战联邦军队将军弗雷德里克·W. 兰德（Frederick W. Lander）率领的政府考察队前往内布拉斯加州（Nebraska）。他们的考察也包括了今天怀俄明州境内落基山的风河山脉（Wind River Range），这幅画描绘的兰德峰就位于风河山脉，海拔 3187 米。后来兰德在内战中阵亡，根据比尔施塔特的倡议，这座山峰以兰德的名字命名。画面中，尖锐的花岗岩山峰被阳光照亮，奇异的云彩飘浮在宁静、树木繁茂的风景之上。前景中是广阔平整的大片绿地，那里是美洲原住民部落最理想的露营地。事实上，画中完美的风景并不是兰德峰的真实景观，而是基于自然的理想风景，但比尔施塔特魔术般的处理显然触动了那个时代美国人的神经。用历史学家安妮·F. 海德（Anne F. Hyde）的话来说：“比尔施塔特描绘出了美国人梦中的西部世界。”

这幅不朽的画作在公开展示后使比尔施塔特成为其同时代同样杰出的风景画家弗雷德里克·埃德温·丘奇最主要的竞争对手。1865 年，居住在伦敦的美国人詹姆斯·麦克亨利（James McHenry）以当时惊人的 25000 美元的高价将这件作品收入囊中，但画家比尔施塔特后来又将其买了回来，并赠予他的兄弟爱德华。

《穿斗牛士服装的V小姐》

Mademoiselle V. in the Costume of an Espada

作者 \ 爱德华·马奈（Edouard Manet，1832—1883 年）
时间 \ 1862 年
材料 \ 布面油画
尺寸 \ 165 厘米 × 128 厘米

《穿斗牛士服装的V小姐》是爱德华·马奈于 1862 年创作的一幅油画，画中的主角是斗牛士打扮的维多利亚·默朗（Victorine Meurent，1844—1927 年）。她是马奈最喜欢的模特，是一位艺术家，她的作品时常入选当时的沙龙。1863 年，马奈在当年臭名昭著的落选者沙龙（Salon des Refusés）展出了这件作品，并同时展出了自己的另外两件著名绘画《草地上的午餐》和《打扮成魔术师的年轻人》。

1863 年的官方沙龙拒绝了包括马奈在内的众多“前卫”艺术家的作品，包括古斯塔夫·库尔贝、卡米耶·毕沙罗等，被拒绝的艺术家和他们的朋友对此提出了抗议。考虑到自身在民间的声望，品位传统的皇帝拿破仑三世决定为这些被拒绝的艺术作品开设单独的展区。有趣的是，参观者挤满了落选者沙龙，房间里充满了观众的笑声，总是引发丑闻的新兴先锋派绘画也渐渐在批判性的关注中走向大众并慢慢合法化。

这件在后来备受推崇的《穿斗牛士服装的V小姐》在当年是一幅标题奇怪的作品，而且画作中的图像也让观众感到困惑。与当时普遍流行的绘画相比，它描绘了一个类似于斗牛场的场景，但仅此而已，没有其他意义。与此同时，这幅画中还存在着众多让人疑惑的、无法用统一的答案来解释的视觉问题。例如，为什么一个女人会在斗牛场？为什么她的手上拿着粉红色布料，而不是传统斗牛士斗篷的颜色和形状？女人脚上穿着的鞋子并不适合斗牛……马奈似乎在向他同时代的观众们展示一种全新的观看方式和绘画题材。但V小姐维多利亚华丽的姿势是从文艺复兴时期的版画中借鉴的，背景再现了戈雅的“斗牛”系列版画中庆祝斗牛士壮举的场景，这些又都展示出艺术家与古典的联结。处于视觉焦点的 V 小姐那雌雄同体的角色形象或许隐喻了艺术家的矛盾心理：通过对古典的继承来打破死板僵化的现状。这种深具革新精神的创作姿态后来深深影响了莫奈、塞尚、梵·高等一系列的新兴画家，从而将绘画引上了现代主义之路。

《俄狄浦斯与斯芬克斯》

Oedipus and the Sphinx

作者 \ 古斯塔夫·莫罗（Gustave Moreau，1826—1898 年）
时间 \ 1864 年
材料 \ 布面油画
尺寸 \ 206 厘米 × 105 厘米

《俄狄浦斯与斯芬克斯》是古斯塔夫·莫罗于 1864 年创作的一幅象征主义油画。这件作品于同年在法国沙龙展出，立即获得了巨大的成功。著名收藏家拿破仑王子（Prince Napoleon）当即购买了这件作品。

作品的主题来自公元前 5 世纪希腊剧作家索福克勒斯（Sophocles）的戏剧《俄狄浦斯王》（*Oedipus Rex*），描绘了俄狄浦斯与斯芬克斯在底比斯郊外的路上相遇的精彩时刻。在底比斯和德尔福之间的十字路口，俄狄浦斯遇到了怪兽斯芬克斯。斯芬克斯是希腊神话中狮身人面、长着鸟翅膀的神奇生物，她奸诈无情，会杀死并吃掉那些不能回答出她谜语的人。她的谜题是：“什么东西早上四只脚走路，下午两只脚，晚上三只脚走路？”俄狄浦斯回答说：“人，婴儿时用四肢爬行，成人时用两条腿走路，年老时则靠拐杖行走。”俄狄浦斯是第一位答对了谜题的过路者，斯芬克斯听后大吃一惊，跳海自杀了。成功闯关的俄狄浦斯回到底比斯国，杀掉国王并迎娶了国王的妻子，但后来发现国王的妻子伊俄卡斯忒（Jocasta）是他的亲生母亲。

在这幅绘画中，莫罗有意拒绝 19 世纪中叶法国流行的现实主义和自然主义风格，而刻意采用了更传统的绘画风格和神话题材。上身性感的斯芬克斯处于攻势，她抓着俄狄浦斯。俄狄浦斯的胜利在此刻似乎尚不明确，他们的身下是众多受害者的残肢断臂。画中斯芬克斯被处理得美貌香艳，她是蛇蝎美人的象征，而“蛇蝎美人”也是 19 世纪后期艺术中的一个常见主题，尤其是在象征主义的绘画中。对于这幅画，美术史中有着众多的阐释。例如，这幅绘画不仅是对善恶之间斗争的描绘，也是对两性之间斗争的描绘；又如，基于弗洛伊德的精神分析理论，俄狄浦斯对斯芬克斯的战胜代表了恋母弑父的性本能的强大动力，而创作这幅画的时候，画家莫罗的父亲刚刚去世。

《三等车厢》

The Third-class Carriage

作者 \ 奥诺雷—维克多林·杜米埃（Honoré-Victorin Daumier，1808—1879 年）
时间 \ 约 1862—1864 年
材料 \ 布面油画
尺寸 \ 65 厘米 × 90 厘米

《三等车厢》是法国画家、雕塑家和版画家杜米埃创作的现实主义油画，描绘了火车三等车厢中工人阶级旅客的艰辛与刚毅。作为一位终身都对社会现实抱有热情的画家，杜米埃就这个题材画了至少三幅同名作品。

在这幅作品中，杜米埃描绘了三等车厢的狭窄、肮脏、烟雾缭绕的环境，里面都是硬木凳，坐满了买不起二等车票或一等车票的人。画面的左侧，车窗外洒入的阳光照亮了画面前景中哺乳的母亲和年长的妇女，她们与一旁熟睡的男孩一起散发着一种与嘈杂环境不相符的宁静。

大约从 1843 年起，杜米埃开始运用油画、水彩画和版画等各种丰富的媒介来描绘公共交通工具和候车室中的人群，此后杜米埃不断扩大对社会问题的关注，并将其绘画的主题锁定在工业化对 19 世纪中叶巴黎现代城市生活的影响上。作为一位共和民主主义者，他不遗余力地在自己的创作中攻击资产阶级、教会、律师、司法机构、政治家和君主制。1832 年，杜米埃绘制了大量插图的政治讽刺小说《高康大》（*Gargantua*）出版，因为在小说中对国王路易·菲利普（Louis Philippe）的形象充满了冒犯和无礼，杜米埃被监禁了几个月。与小说插图在社会评论方面的巨大影响力相比，杜米埃在巴黎沙龙上偶尔展出的油画作品在那个时代常常被法国公众和当时的大多数评论家忽视，但却对后来的新一代印象派和后印象派画家产生了影响，并在今天被认为是 19 世纪法国极伟大的艺术成就之一。

《草垛：秋天》

Haystacks: Autumn

作者 \ 让—弗朗索瓦·米勒（Jean-Francois Millet，1814—1875 年）
时间 \ 约 1874 年
材料 \ 布面油画
尺寸 \ 85 厘米 × 110 厘米

《草垛：秋天》是法国艺术家让—弗朗索瓦·米勒于 1874 年左右创作的油画。1868 年，法国实业家费利克斯·哈特曼（Félix Hartmann）委托米勒绘制以四季为主题的系列油画。在接下来的七年里，米勒断断续续地绘画完成了这些作品。按照时间顺序，《春天》是这一系列的第一张，现存于巴黎奥赛博物馆；《夏天：收获》藏于波士顿；《草垛：秋天》正是大都会艺术博物馆收藏的这件；《冬天》则藏于卡迪夫国家博物馆（National Museum Cardiff）。

在这幅《草垛：秋天》中，秋天的收割已经完成，拾穗者也已离开，只剩下羊群在麦田里吃草。干草堆之外是广阔的比埃尔平原和巴比松村落的茅屋。作品中松散的、素描般的笔触是米勒晚期风格的主要特征。表面的色斑刻意暴露出作品的底色，深紫色或丁香粉的勾线清晰可见，尤其是干草垛和绵羊的轮廓。一个孤独的身影立于干草垛的阴影中，他似乎是在躲避即将来临的风暴。

作为巴比松画派的创始人之一，米勒以农民题材的绘画而闻名，但随着时间的推移，他对纯粹的风景画越来越感兴趣，这件《草垛：秋天》正是他职业生涯晚期的经典之作。米勒的这些晚期风景画也明显地影响了克劳德·莫奈在诺曼底海岸的系列绘画，他绘画中的结构和对色彩斑点的使用还影响了点彩派的乔治·修拉。

《死亡岛（版本二）》

Island of the Dead
(second version)

作者 \ 阿诺德·伯克林（Arnold Bocklin，1827—1901 年）
时间 \ 1880 年
材料 \ 木板油画
尺寸 \ 74 厘米 × 122 厘米

《死亡岛》是瑞士象征主义艺术家阿诺德·伯克林最著名的画作。1880 年，伯克林的赞助人玛丽·贝纳（Marie Berna）委托他创作了这件作品，作为对其已故丈夫的纪念。绘画中的景象基于玛丽·贝纳在艺术家佛罗伦萨工作室中看到的一幅未完成的作品。在她的要求下，伯克林在黑幕中的红色山坡上添加了悬垂的棺材，在前景中的划艇上添加了披着裹尸布的人物。伯克林在后来写给玛丽·贝纳的信中谈道："你可以想象自己进入了被黑暗笼罩的世界。"

从 1883 年至 1886 年，伯克林又画了同主题的另外三个版本，每个版本都略有不同。因此，我们还可以在巴塞尔的公共艺术收藏馆（Öffentliche Kunstsammlung）看到更大尺寸（111 厘米 × 155 厘米）的《死亡岛》，在柏林国家美术馆看到 1883 年的版本，在莱比锡比尔登昆斯特博物馆（Museum der Bildenden Künste）看到 1886 年的版本，但 1884 年的版本毁于第二次世界大战期间。

所有的这些版本都描绘了一座被笼罩于黑幕中的荒凉岩石小岛，它横亘于一片漆黑的水面上，一艘小划艇即将抵达。在纤细的船身上，一名桨手位于船尾，全身白衣的人站立在船头，朝向小岛。一片茂密的高大深色柏树被小岛上陡峭的悬崖紧紧地包围着，柏树在很多的文化中都与墓地和哀悼的传统相关，岩壁上的垂直悬棺则再次深化了死亡和葬礼的主题。伯克林本人从未就这幅画的含义提供过任何公开解释，他只是将其描述为"一幅梦幻的图画：它必须产生一种静止的感觉，以至于敲门声都会在这种气氛中让人感到敬畏"，但如此神秘的绘画一直触发着研究者和各类观众的想象。在大部分的学者看来，船尾的桨手或许代表了希腊神话中在冥河上掌舵的船夫卡戎。这里黑暗且深不见底的河，要么是冥河，要么是阿刻戎河（Acheron），而那白衣的乘客则是刚刚离世者的灵魂。

《圣女贞德》

Joan of Arc

作者 \ 朱利斯·巴斯蒂昂—勒帕热（Jules Bastien-Lepage，1848—1884 年）
时间 \ 1879 年
材料 \ 布面油画
尺寸 \ 254 厘米 × 279.4 厘米

朱利斯·巴斯蒂昂—勒帕热是一位与自然主义的开端密切相关的法国画家，自然主义是现实主义运动后期出现的一种艺术风格，与现实主义一样追求客观地、精确地反映现实生活，但自然主义更倾向于纯客观地反映生活，而非像现实主义那样通过艺术形象的典型化来揭示生活的本质。

《圣女贞德》是画家勒帕热一生中最知名的作品，以自然主义的手法描绘了传奇的法国中世纪农村少女贞德获得天启的时刻。赤着脚、衣衫褴褛的贞德正在花园中劳作，突然她得到了启示，要求她带兵收复当时由英格兰人占领的法国失地，并带领王储至兰斯（Reims）进行加冕。贞德拨开挡在身前的树枝，试图找到那声音的来源。此时，身着金色铠甲的圣米迦勒（St. Michael）、戴着头纱的圣凯瑟琳（St. Catherine）和屠龙的女圣徒玛格丽特（St. Margaret）出现在了她的身后。后来，贞德在辗转获得兵权后，于 1429 年奥尔良之战（Siege of Orléans）成功扭转战局，成为闻名法国的女英雄。在接下来的数月中，这位“奥尔良姑娘”越战越勇，接连收复法国北部的大量失地并夺下兰斯，成功护送查理至兰斯大教堂加冕为帝。贞德在 1430 年被勃艮第公国所俘，后以异端和女巫罪判处火刑，并于 1431 年在法国鲁昂被当众处死，年仅 19 岁。1456 年罗马教廷为贞德平反，1920 年贞德被追封为圣人。

自 19 世纪 70 年代起到 80 年代，圣女贞德的形象在法国雕塑、绘画和文化中变得越来越重要。因为法国在普法战争（1870—1871 年）中的战败导致了其领土阿尔萨斯（Alsace）和洛林被割让，而贞德的家乡就是洛林（画家勒帕热也来自洛林）。所以，作为推动法国民族意识觉醒的重要人物，贞德再一次在法国人民的心中引起了共鸣，成为新爱国主义的象征。

勒帕热的这幅《圣女贞德》于 1880 年在巴黎沙龙展出，被纽约商人买下带到了美国。当时的沙龙评论家称赞勒帕热对贞德姿势和面部表情的生动处理成功地传达了贞德的精神觉醒，但贞德身后的启示圣徒与其自然主义的风格并不相符。

《圣阿德列斯花园阳台》

Garden at Sainte-Adresse

作者 \ 克劳德·莫奈（Claude Monet，1840—1926 年）
时间 \ 1867 年
材料 \ 布面油画
尺寸 \ 98.1 厘米 × 129.9 厘米

1867 年的夏天，莫奈与家人在勒阿弗尔（Le Havre）附近的海滨度假胜地圣阿德列斯度过。正是在那里，他以父亲（戴着巴拿马草帽）和其他亲戚为模特，创作了这件表现巴黎人现代生活的作品《圣阿德列斯花园阳台》。画作完成十二年后，莫奈在 1879 年 4 月 10 日至 5 月 11 日的第四届印象派画展上展出了这件作品。

在阳光明媚的悠闲氛围中，由近及远依次是翁弗勒尔（Honfleur）的美丽花园和一望无际的大海，海平线处有作为现代工业文明象征的汽船。莫奈的父亲阿道夫（Adolphe）和他的姐姐苏菲（Sophie）坐在前景中，他们背对着观众，目光朝向莫奈的表兄和他的妻子让—玛格丽特·勒卡德（Jeanne-Marguerite Lecadre），这对夫妇站在花园临海的围栏处。绚烂的光线、靓丽的色彩和轻松的主题都展现出 19 世纪中后期法国富裕家庭的惬意与和睦。有意思的是，与画面散发的祥和气息相悖，莫奈在那个夏天与他的家人们，尤其是与其父亲的关系非常紧张，因为画家的家人们并不赞同他与未来的妻子卡米尔·汤希尔（Camille Doncieux）的婚事。当时的卡米尔与莫奈刚刚认识两年，她的身份（艺术家的模特儿）以及比莫奈大七岁的实际情况都让画家的家人们忧心忡忡。直到卡米尔为莫奈生下了第一个孩子让（Jean）后，他们才正式结为夫妻。

在这幅作品中，莫奈采用俯瞰的视角将阳台、大海和天空尽收眼底，两条明确的水平线将这三个区域分隔成平行的世界，并以高饱和度的色彩进行填充，从而强调出视觉的平面感。这种大胆的处理手法在当年并不多见，也反映出莫奈对彼时流行的东方绘画的欣赏。莫奈在他的书信中称这幅作品为“有旗帜的中国画”。他的画家朋友皮埃尔·奥古斯特·雷诺阿称其为“日本画”。学者们在后来的研究中发现，莫奈这幅画的构图灵感来自于葛饰北斋（Katsushika Hokusai）的系列版画“富岳三十六景”之《五百罗汉寺荣螺堂》（1830 年）。这件日本版画也是莫奈的收藏，今天仍保存在莫奈位于吉维尼（Giverny）的故居博物馆中。

《舞蹈课》

The Dance Class

作者 \ 埃德加·德加（Edgar Degas，1834—1917 年）
时间 \ 1874 年
材料 \ 布面油画
尺寸 \ 84 厘米 × 77 厘米

《舞蹈课》是埃德加·德加于 1874 年完成的油画，描绘了德加的朋友、芭蕾舞大师朱尔斯·佩罗（Jules Perrot）即将下课时的舞蹈教室。这幅画是德加致力于舞蹈主题的、最具野心的创作。画面中大约有二十四名女性，分别是芭蕾舞演员和她们的母亲。朱尔斯·佩罗站在画面的右边，他正在审视一位年轻的舞蹈演员的姿态。这个场景发生在巴黎歌剧院（Paris Opéra）的一间排练室内，教室的正中间是一面巨大的镜子，倒映出教室另一半空间中的舞女和窗外的巴黎景观。镜子旁边的墙上是焦阿基诺·罗西尼（Gioachino Rossini）的歌剧《纪尧姆·泰尔》（*Guillaume Tell*）的宣传海报。这是德加的刻意安排，旨在向当时著名的法国歌剧男中音让—巴普蒂斯特·福雷（Jean-Baptiste Faure）致敬，而福雷正是这部歌剧中的演员，也是这件作品的赞助人。

舞女题材一直是德加创作生涯中的浓墨重彩。画家对舞女的关注开始于 19 世纪 60 年代后期，此时的德加从最初的历史绘画转向了对当代生活的真切观察，现代社会中的劳动女性成为其自我审视的焦点。1868 年，在法国沙龙展上展出的《芭蕾舞剧<源泉>中的菲奥克尔小姐》是德加关于舞女题材的第一件大型创作，在这件作品中他完全剔除了与芭蕾舞不相干的所有元素，舞者成为绘画中唯一的表现对象。在随后的众多舞女题材绘画中，德加不断深入并凸显她们的专业性，因而画面的内容也常常是后台或排练的场景。从 1870 年开始，芭蕾舞题材成为德加绘画最主要的内容，部分原因在于这一类型的绘画在当时非常流行，它们卖得很好，其收入可以补贴德加家庭破产后所需偿还的债务。另一部分原因在于，舞女题材可以满足德加绘画技巧上的追求与变化。作为深受印象派和现代摄影影响的画家，对鲜艳的色彩、大胆的笔触、不平衡的构图以及渴望捕捉瞬间的需要，都可以在光影交错的舞台、舞女们丰富的肢体语言中找到最完美的素材。

《乔治·夏彭蒂埃夫人和她的孩子们》
Madame Georges Charpentier and Her Children

作者 \ 皮埃尔—奥古斯特·雷诺阿（Pierre-Auguste Renoir，1841—1919 年）
时间 \ 1878 年
材料 \ 布面油画
尺寸 \ 154 厘米 × 190 厘米

《乔治·夏彭蒂埃夫人和她的孩子们》是雷诺阿在 1879 年法国沙龙上展出的画作之一，也是雷诺阿肖像画创作中的经典。这幅画由当时著名的巴黎出版商乔治·夏彭蒂埃（1846—1905 年）委托创作，描绘了夏彭蒂埃的妻子路易丝·莱蒙尼尔（Marguérite-Louise Lemonnier，1848—1904 年）和他们的两个孩子乔治特·伯瑟（Georgette Berthe，1872—1945 年）和保罗·埃米尔·查尔斯（Paul Émile Charles，1875—1895 年）。作为一位著名出版商人的妻子，夏彭蒂埃夫人主持着一个精英沙龙，在每周五的沙龙活动中，她都会邀请艺术家、作家和政治家到场，福楼拜、龚古尔和左拉等作家都曾参加过。雷诺阿和马奈也曾被邀请，并在这里与夏彭蒂埃夫人成为朋友。1878 年，雷诺阿在完成这件作品后，对作品相当满意的夫人利用自己的影响力将这幅画放在了 1879 年沙龙展中最显眼的位置。

画面描绘了夏彭蒂埃夫人巴黎联排别墅的客厅，日式的装修风格和别致的礼服都展现着夫人的时髦和品位。夏彭蒂埃夫人坐在她的儿子保罗的身边，斜倚着沙发，身着优雅时尚的沃斯高定（Worth）连衣裙，光彩照人。此时的保罗刚刚 3 岁，他的头发还没有剪，身着与他右手边的姐姐一样的小礼服，保罗的女孩打扮是当时的时尚。6 岁的姐姐乔治特坐在一只体型庞大的狗身上，狗的神情带着一种让人忍俊不禁的无奈。作品中令人愉悦的气氛来自雷诺阿奇妙丰富的色彩运用，有孔雀图案的红金色屏风构成了画面的背景，桌上的花朵、水果以及富有光泽的玻璃器皿和瓷器都以非凡的技巧堆积了大量的颜色，夫人的裙子、两个孩子的头发和衣服在雷诺阿精致的处理后展现出松弛奢华的质感。这幅高品质的绘画在当年的沙龙展中取得了非凡的成功，也标志着雷诺阿职业生涯的转折点，为他日后昂贵的佣金和富足的生活奠定了基础。正如卡米耶·毕沙罗在一封信中指出的那样，雷诺阿“在沙龙取得了巨大的成功。……我认为他已经留下了自己的印记。那就更好了，贫穷是如此的艰难”。但也许最高的赞誉来自马塞尔·普鲁斯特（Marcel Proust），他评论道，在这幅受委托创作的肖像中，雷诺阿表达了“家居的优雅诗意和我们这个时代的美丽服饰”。普鲁斯特还在自己一生中最伟大的作品《追忆似水年华》（*À la Recherche du Temps Perdu*）中再次提到了这幅画，并将其与“提香最好的作品”相提并论。

《X女士》
Madame X

作者 \ 约翰·辛格·萨金特（John Singer Sargent，1856—1925 年）
时间 \ 1883—1884 年
材料 \ 布面油画
尺寸 \ 109.9 厘米 × 208.6 厘米

约翰·辛格·萨金特是一位出生在意大利的美国艺术家。他在巴黎接受训练后移居伦敦，一生中的大部分时间都在欧洲度过。作为一名享有国际声誉的肖像画家，萨金特在自己的作品中以非凡的技能彰显了爱德华时代的奢华感，并成功地挑战和革新了制式化的肖像创作。

这幅《X女士》是萨金特最知名和最具争议的作品，也是艺术家个人最偏爱的作品，他在 1915 年时曾说：“我想这是我做过的最好的事情。”在今天看来，这也是画家一生中最好的肖像作品。但这件作品在 1884 年的巴黎沙龙展上亮相时，却引发了强烈的负面反响。丑闻发生后的第二年，萨金特被迫搬到了伦敦。

这幅肖像画的创作并不是受委托，而是艺术家的一次冒险实验。当时的萨金特自信满满，试图追求不一样的肖像画创作。萨金特写信给他和模特共同认识的熟人：“我非常想画她的肖像，并且有理由认为她会同意，她正在等待有人向她的美貌致敬。……你可能会告诉她我是一个才华横溢的人。”萨金特花了一年多的时间来完成这幅肖像。身着深 V 露肩礼服的夫人肌肤白皙，透着微微的粉红，傲慢地轻抬起自己的下颌，礼服右侧的肩带戏剧性地滑落，整体效果大胆而感性。自信满满的画家在沙龙展前还特意要求了一间时髦的展厅，并自雇了几名助手。但开展后观众们的反应却与画家的预期截然相反，大多数的观众都表达了愤怒：模特过于性感的形象挑战了传统的中产阶级审美趣味，是巴黎人的耻辱。为了平复公众的愤怒，萨金特又将肩带画回了肩上，但他已经彻底失去了在巴黎的肖像画市场。一年后离开巴黎的画家，一直将这幅前卫的作品带在身边长达三十年。在他的伦敦工作室中，这件作品长期悬挂在最醒目的位置，直到移居美国，才最终卖给了大都会艺术博物馆。

《马戏杂耍》

Circus Sideshow

作者 \ 乔治 · 修拉（Georges Seurat，1859—1891 年）
时间 \ 1887—1888 年
材料 \ 布面油画
尺寸 \ 99.7 厘米 × 149.9 厘米

乔治·修拉是法国新印象派（Neo-Impressionism）的代表艺术家，由他创造的点彩主义绘画融合了对立与不相容的奇特品质：一方面是极端而细腻的敏感性，另一方面是对抽象逻辑的热情和几乎数学般的精确思维。修拉的巨幅油画《大碗岛的星期天下午》（1884—1886 年）正是这种开创性风格最精彩的呈现，它改变了现代艺术的方向，是 19 世纪后期绘画中的经典作品之一。

这幅《马戏杂耍》是修拉的第一幅致力于大众娱乐场景的新印象派画作，并于 1888 年在巴黎的独立艺术家沙龙（Salon de la Société des Artistes Indépendants）首次展出。尺幅巨大的画布中布满了色点，主要是紫灰色、蓝灰色、橙色和绿色，以及由修拉研究的点彩主义技法所支配的形式。它描绘了位于巴黎东部工人阶级聚居区民族广场（Place de la Nation）的科尔维马戏团（Circus Corvi）的表演。这场表演并不是正式演出，而是晚上在街头的即兴展示，为了吸引路人购买门票。演出的气氛并不是欢乐喜庆，而是平静的沉思。在虚幻的晚间游乐灯光下，长号演奏者站在视觉中央，他的后面是排成一列的、沉浸在橙色光芒中的短号演奏者。人物的僵硬身姿配合了作品中刻意形式化后的水平线和垂直线，让人联想到埃及的浮雕和壁画。但与埃及艺术的处理方式不同，修拉并不是通过改变对象的比例来暗示空间，而是通过光影来确定对象的位置。前景中的观众处在逆光阴影中，被画成深蓝色，舞台空间的部分则灯火通明。马戏团的帐篷在这里被表现成绿色，透过售票窗口可以看到五个黄白色的室内球体灯。进入马戏团有两个入口，主入口在画面的右下角，那里一对面对面交流的男女正试图走上楼梯。长号手身后的斜线是另一个入口的楼梯扶手。修拉的视觉处理是如此的平面化，其扁平线性的结构启发了后来的立体主义，并让纯粹的形式问题成为艺术家思考的焦点。

《戴草帽的自画像》

Self-Portrait with Straw Hat

作者 \ 文森特 · 梵 · 高
时间 \ 1887/1888 年冬
材料 \ 布面油画
尺寸 \ 41 厘米 × 32 厘米

1887 年初，梵 · 高搬到了巴黎西北部的阿涅勒（Asnières），在那里结识了保罗 · 西涅克，一位新印象主义者，他与乔治 · 修拉一起发展了点彩主义。受西涅克的影响，梵 · 高开始采用点彩主义的技巧，在自己的画布上涂上了大量的彩色小点，这样从远处看时，这些色点就会产生一种光学混合的效果，同时保留颜色最饱和的质感，从而产生色彩绚丽的效果。这幅《戴草帽的自画像》正是梵 · 高这一艺术实验期间的创作，它清晰地展示了艺术家对新印象主义和色彩理论的认识。

与此同时，梵 · 高艺术实验中的另一个主题也在这一时期形成规模——自画像。1887—1888 年逗留巴黎期间，除了这件《戴草帽的自画像》，梵 · 高还创作了二十多幅自画像。这既是为了尝试新的绘画风格以及磨炼自己作为人物画家的技能，同时也是因为没有聘请模特的资金。于是在这两年里，梵 · 高成了自己最好的模特：“我特意买了一面足够好的镜子来进行工作，因为没有模特。”另外，自画像也反映了画家的高度自审，它们的出现纪念了画家生命中的重要时刻。这件《戴草帽的自画像》就是在画家开始意识到克劳德 · 莫奈、保罗 · 塞尚和西涅克绘画的先锋性后进行的实践。运用与那些前卫画家们同样的技巧，浓重的颜料在具有高度组织化的、有节奏的笔触处理下，由内向外扩散，这是来自新印象派作品的新颖光环，梵 · 高自己将其称之为“有目的”的画布。梵 · 高此时的精神和身体状况也在这幅自画像中显现出来：他满脸胡茬，看起来蓬头垢面，但深陷的眼窝里却有一双敏感和警觉的眼睛，草帽下露出的发梢被描绘成充满活力的橘红色调。显然，艺术之都巴黎的喧嚣与时尚让梵 · 高既兴奋不已又应接不暇。1888 年 2 月，对生活感到疲惫不堪的画家决定离开巴黎，到阳光明媚的法国南部去寻求更斑斓的色彩和内心的宁静。

《向圣母玛利亚致敬》

Ia Orana Maria（*Hail Mary*）

作者 \ 保罗 · 高更（Paul Gauguin，1848—1903 年）
时间 \ 1891 年
材料 \ 布面油画
尺寸 \ 114 厘米 × 88 厘米

这幅《向圣母玛利亚致敬》是高更在塔希提岛（Tahiti）第一次逗留期间重要的绘画之一，展示了画面中间的两个波利尼西亚人（Polynesians）向画面右侧的圣母和孩子致敬的场景，整个故事发生在原始的塔希提部落中。

1891 年 4 月 1 日，高更启程前往塔希提岛，出发前他公开宣称此行的目的在于逃避欧洲文明和“一切人为和常规的东西”。尽管如此，他还是小心翼翼地随身携带了一系列照片、图画和印刷品等视觉资料。到达塔希提岛的前三个月，他在殖民地首府的帕皮提（Papeete）度过，但这里已经深受法国和欧洲文化的影响，与高更期望的原始的田园愿景相去甚远。同时，帕皮提追求享乐的奢侈生活也令他无力承担。于是，高更决定在距离帕皮提约 45 千米的马塔耶阿（Mataiea）建立自己的工作室，并将自己的家安置在当地风格的竹棚中。在这里，高更一生中最好的作品开始产生，《向圣母玛利亚致敬》中充满光泽和神秘壮丽的新环境展现出画家的欣喜之情。高更在 1892 年 3 月的信中描述这幅画：“一个带着黄色翅膀的天使，向两名塔希提女人展示了玛利亚和耶稣。玛利亚和耶稣也都是塔希提人的形象，两名塔希提女人裸露着上半身，腰间围着被称为帕雷乌斯（pareus）的本地棉布印花裙。她们背后是忧郁的山丘和开花的树木……画面上还有一条蓝紫色的小路和深绿色的前景，左下角放着一些香蕉，我喜欢这一切。”从人类学的角度来看，高更对塔希提生活的描绘几乎是正确的，但更像是对脱离正常环境的物体和人的特征的再现和重组。基督教主题与塔希提主题的各类元素被明显地拼凑在这件作品中，祈祷的人物姿势来自高更随身携带的印度尼西亚爪哇神庙的浮雕图片。这种处理显示了高更绘画的典型特征：将西方世界的宗教与异国情调、现实与想象完美地融合。

A ORANA MARIA

《玩牌者》

Card Players

作者 \ 保罗・塞尚（Paul Cézanne，1839—1906 年）
时间 \ 1890—1892 年
材料 \ 布面油画
尺寸 \ 65 厘米 × 81 厘米

《玩牌者》是法国后印象派画家保罗・塞尚的系列油画，共五件，均创作于画家艺术生涯的后期阶段，此时的艺术家已经回到自己的家乡艾克斯（Aix）过上了隐居的生活。现藏于大都会艺术博物馆的这件《玩牌者》通常被认为是该系列中的第二个版本。第一个版本现藏于费城的巴恩斯基金会（Barnes Foundation），也是整个系列中人物最多（共五个人物）、构图最复杂、尺寸最大（134.6 厘米 × 180.3 厘米）的版本；第三、四、五版分别由巴黎的奥赛博物馆、伦敦的考陶德艺术学院（Courtauld Institute of Art）和卡塔尔王室收藏。

“玩牌者”系列的每一幅画都描绘了沉浸在烟斗和扑克牌乐趣中的普罗旺斯农民。这些打牌的农民都是男性，在打牌时表现得非常专注，他们的眼神全然投入在手头的游戏上。“玩牌者”的主题来自 17 世纪的荷兰和法国风俗画，这种传统主题是描绘酒馆里吵闹、醉酒的赌徒们玩纸牌游戏的内容。但塞尚对这一主题做了明显的改动，这里既没有传统中戏剧性的高潮时刻，也没有辅助叙事的酒水和金钱等视觉元素，只剩下更简单的场景和更冷漠且面无表情的农民。画作中的这些模特都是普罗旺斯当地农场的工人，部分人来自塞尚家族位于艾克斯城外的布法恩（Jas de Bouffan）农场。在这个安静、专注的封闭空间中，男人们低头看着手上的纸牌，沉浸在自己的世界里，纸牌就是他们唯一的交流方式。后来的评论家将塞尚如此肃穆的场景比喻为“人类静物”（human still life）。

《母与子（椭圆镜）》

— *Mother and child（the oval mirror）* —

作者 \ 玛丽・卡萨特（1844—1926 年）
时间 \ 约 1899 年
材料 \ 布面油画
尺寸 \ 81.6 厘米 × 65.7 厘米

玛丽・卡萨特是一位来自美国的印象派女画家。她出生在宾夕法尼亚州，但成年后的大部分时间都在法国度过，在那里她结识了印象派画家埃德加・德加，并与印象派画家们一起展览。在她的作品中，卡萨特常常描绘现代生活中的女性形象，尤其偏好对母子间亲密关系的表现。这幅《母与子（椭圆镜）》就是卡萨特母子题材的经典作品。

卡萨特对母子题材的关注大约从 1881 年开始，直到这件作品完成的 1899 年，在近二十年的时间中，她始终保持着对这一主题的兴趣，并不断地在自己的创作中重温这一主题。而重温或许一直都是印象派画家们钟爱的创作方式，例如莫奈就曾对干草垛这一主题进行了长期的反复创作。

在这幅画中，卡萨特描绘了椭圆形镜子前的一对母子。女人充满爱意的神情和男孩甜美的脸庞，以及她们对立的姿势（母亲试图搂孩子，而孩子的身体表现出抗拒）让人联想到意大利文艺复兴时期的圣母子形象。椭圆形的镜子也在孩子的头部形成了类似光环的想象，从而进一步强化了这种联想。卡萨特的朋友德加似乎也察觉到了这一点，他告诉卡萨特，这幅画“有你所有的优点和所有的缺点——它是圣婴耶稣和他的英国护士的组合”。虽然人物头部后面的镜子可以理解为宗教象征，但它也可以引入另一种视角，即镜子是卡萨特刻意设置的现代家庭环境的象征物，这里的母子关系是一种“亲密、隐私和相当体贴”的联结。因为卡萨特在这里要讨论的是家庭生活的各个阶段中父母与孩子的关系，而不是玛利亚与基督的关系。

在这件作品完成的 1899 年，它就被当时经销和推广印象派及巴比松画派作品的法国画商杜朗・卢埃尔（Durand-Ruel）收购，并于同年卖给了纽约的著名德裔家族哈迈尔（Havemeyer）。大都会艺术博物馆于 1929 年收购了这幅画并展示至今。

《玛达・普里马维西》

— *Mäda Primavesi* —

作者 \ 古斯塔夫・克里姆特（Gustav Klimt，1862—1918 年）
时间 \ 1912—1913 年
材料 \ 布面油画
尺寸 \ 149.9 厘米 × 110.5 厘米

古斯塔夫・克里姆特是奥地利象征主义画家，也是当时激进的维也纳分离派（Vienna Secession）的杰出的成员之一。银行家、实业家奥托・普里马维西（Otto Primavesi）和他的妻子尤金妮亚（Eugenia）一直都是维也纳前卫艺术和设计师们的重要赞助人，他于 1912 年为自己的女儿玛达向艺术家委托制作了这幅肖像画。

克里姆特在自己位于维也纳的工作室里为玛达画了这幅画。作品中，玛达的表情和姿势都传递出这个 9 岁小女孩非凡的自信，也表现出些许的任性和假小子特征。克里姆特为这幅肖像绘制了众多草稿，并尝试了各种不同的姿势、服装和背景，最后决定让玛达站在生机勃勃、色彩斑斓、充满春天感的背景图案中。画面中的她穿着特制的裙子，顶天立地地撑满画布。1987 年，已经 85 岁的玛达在接受《纽约时报》采访时，回忆了她与这位 20 世纪初最伟大的艺术家共度的时光。当时的她和家人们每隔几个月就要前往维也纳旅行一次，每次旅行的时间大概十天左右。在她与克里姆特会面的那些时日里，她感觉克里姆特是一个冷静得可怕的人，他完完全全地容忍了一个小女孩年幼时的不耐烦。“我问他是否可以在我的书上写点什么”，那是一本签名簿。克里姆特在上面写道：“白天就像黑夜，除非我看到你。我很高兴梦见你。”在同一地点，在这幅作品完成后的第二年，克里姆特为玛达的母亲、女演员尤金妮亚也画了一幅精彩的肖像。普里马维西家族于 1930 年出售了这幅《玛达・普里马维西》肖像，大都会艺术博物馆于 1964 年获得了这件珍品。

GUSTAV
KLIMT

《坐着的小丑》

Seated Harlequin

作者 \ 巴勃罗·毕加索（Pablo Picasso，1881—1973 年）
时间 \ 1901年
材料 \ 布面油画
尺寸 \ 83.2 厘米 × 61.3 厘米

作为 20 世纪最具影响力的艺术家，巴勃罗·毕加索拥有众多的身份——画家、雕塑家、版画家、陶艺家和戏剧设计师。这位精力旺盛的创造者在他漫长的艺术生涯中经历了众多的风格阶段：蓝色时期（1901—1904 年）、玫瑰时期（1904—1906 年）、受非洲雕塑影响的立体主义时期（1907—1909 年）、分析立体主义时期（1909—1912 年）、综合立体主义时期（1912—1919 年）、20 世纪 10 年代末至 20 年代中期的新古典主义时期、1925 年至 1932 年充满了变形和幻想的超现实主义时期，以及此后直至去世期前对早期风格进行自由运用的阶段。

这件《坐着的小丑》正是毕加索蓝色时期的经典。此时的艺术家刚刚抵达巴黎一年，在这一年中，他几乎尝试了所有当时流行的绘画风格，并于1901年秋天形成了一种完全属于自己的风格。尽管风格明确，但画家尚未被艺术世界接受，他的生活捉襟见肘，在情感上也倍感孤独与心酸。他的朋友卡莱斯·卡萨吉马斯（Carles Casagemas）在一厢情愿的爱情中选择了死亡。因此，忧郁的蓝色成为毕加索这一时期绘画的主色调。

画中戴着绿色帽子、哀伤的小丑皮埃罗是这一情绪的再次证明。小丑皮埃罗是意大利民间喜剧中的重要角色，也是 20 世纪初巴黎流行文化中常常出现的形象。他懒散而又滑稽，却爱慕着诡计多端的美人伊莎贝拉，最终在与情敌花衣小丑的决斗中死去，似乎他诞生之初唯一的功能就是娱乐观众。因此，皮埃罗的人生也常常被视为边缘化的艺术家悲剧命运的象征。

从 1901 年到 1904 年的蓝色时期是毕加索现代主义之路开始的动力，平坦的蓝色、灰色、黑色和陷入沉思的忧郁人物，以及深刻而重大的悲剧是他这一时期绘画的主要特征。蓝色时期之后是毕加索的玫瑰时期，之后便是那让他获得认同、走到历史聚光灯下的立体主义时期。

《阿里阿德涅》

Ariadne

作者 \ 乔治·德·基里科（Giorgio de Chirico，1888—1978 年）
时间 \ 1913 年
材料 \ 布面油画和石墨
尺寸 \ 135.3 厘米 × 180.3 厘米

乔治·德·基里科是一位希腊裔意大利艺术家和作家。在第一次世界大战发生的前几年，他发起了形而上绘画（Metaphysical Art），在作品中以罗马拱廊、长长的影子、人体模型、火车和不合逻辑的视角为特色，深深影响了超现实主义绘画的思考方式和创作形式，并被视作超现实主义的先驱。1919 年后，他成为一名艺术评论家，绘画上则转向了对传统绘画技巧的研究，并以新古典主义或新巴洛克风格来进行创作。

基里科的形而上绘画受尼采美学的强烈影响，它让基里科着迷于事物表象下看不见的预兆。因此，基里科总是试图从熟悉的地方或事物，有时从自身产生的意想不到的感觉中去寻找灵感。他在 1909 年的手稿中写道："许多奇怪、未知和孤独的事物都可以被转化为绘画……最重要的是，那种明显的敏感性到底是什么。"

这幅《阿里阿德涅》就是基里科形而上绘画的经典作品之一。在这里，基里科将日常现实与神话相结合，唤起了怀旧情绪、紧张的期望和疏离的情感。沉睡的阿里阿德涅雕像位于一个公共广场的前景中，基里科以其独特的、简单且视觉宽广的形式呈现了广场的荒凉与寂寥。广场上的高塔和连贯的罗马拱廊是画家这一时期绘画中反复出现的图像，在基里科看来，"罗马拱廊是命运……它的声音在充满罗马诗歌的谜语中说话"。阿里阿德涅，这位希腊神话中克里特岛国王米诺斯的女儿，在帮助爱人忒修斯杀死牛怪逃出迷宫后，却在熟睡时被爱人遗弃在了纳克索斯岛。醒来后发现自己被抛弃的阿里阿德涅陷入了无尽的忧伤与孤独。基里科在 1911 年 7 月移居巴黎后也经历了一段孤独的岁月，因此这里的阿里阿德涅是基里科个人的象征。画中梦呓般的气氛是画家对现实情感的梦幻逃避，也是他对在希腊度过的童年的回忆。

Georgio de Chirico
M.CM.XIII

modigliani

《斜倚的裸女》

Reclining Nude

作者 \ 阿梅迪奥 · 莫迪利亚尼（Amedeo Modigliani，1884—1920 年）
时间 \ 1917 年
材料 \ 布面油画
尺寸 \ 60.6 厘米 × 92.7 厘米

莫迪利亚尼受到意大利文艺复兴时期维纳斯和其他理想化女性形象的影响，于 1916 年开始创作这一著名的“斜倚的裸女”系列油画。在 1917 年的这件《斜倚的裸女》中，模特轮廓分明的身体横跨整个画布，但她的部分手臂和脚都消失在了画面之外。女人红润的肉体在深红色的床或沙发上呼之欲出，潮红脸蛋上迷离的眼睛看向观众。与古典绘画中的女神或理想化的女性形象不同，那些传统作品中的女性裸体常常发生在神话或寓言中。而在这里，莫迪利亚尼在没有任何此类背景或暗示的情况下，挑衅性地展示了他笔下的女人，如同当年马奈在那件惊世骇俗的《草地上的午餐》中所做的那样。但显然，莫迪利亚尼的这件作品更具有色情意味。据说，这一系列作品在莫迪利亚尼 1917 年的第一次也是唯一一次展览上引起了轩然大波，画中太过明显的性暗示让当时保守的中产阶级观众完全无法接受，最终由警方出面直接关闭了画廊。随着时间的发展以及审美和观念的变化，莫迪利亚尼的作品在后世广受欢迎，而这些曾遭恶评的作品却被肯定为“重振了‘裸体’作为现代主义艺术主题的地位”。

莫迪利亚尼是一位出生在意大利的画家和雕塑家，他在意大利度过了自己的青年时代，22 岁时移居巴黎。在那里，谈吐优雅、仪表堂堂的莫迪利亚尼结交了众多的前卫艺术家朋友，如毕加索、康斯坦丁·布朗库西（Constantin Brancusi）等。1912 年，莫迪利亚尼在秋季沙龙展出了其高度风格化的雕塑——面部、颈部和身体比例被优雅拉伸的人物形象。但波希米亚式的生活让本就身体孱弱的艺术家的健康每况愈下，莫迪利亚尼不得不放弃繁重的雕塑创作而将这种独特的风格转移到画布上。最终，这位天赋异禀却并不安分的艺术家未能走出生命的低谷，在贫困与疾病的双重折磨下死于结核性脑膜炎，年仅 36 岁。

《黑色鸢尾花》

Black Iris

作者 \ 乔治亚 · 欧姬芙（Georgia O'Keeffe，1887—1986 年）
时间 \ 1926 年
材料 \ 布面油画
尺寸 \ 91.4 厘米 × 75.9 厘米

乔治亚 · 欧姬芙是美国的现代主义艺术家。她以放大的花朵、纽约的摩天大楼和新墨西哥州的风景画而闻名。

乔治亚 · 欧姬芙一生中创作了大约两百幅花卉作品，这些作品大多是对花卉进行的放大描绘，仿佛是透过放大镜看到的样子，其中最知名的主题包括矮牵牛、鸢尾花、东方罂粟花、红色美人蕉等。大都会艺术博物馆所藏的这幅花卉作品《黑色鸢尾花》是欧姬芙早期绘画的杰作之一。她将鸢尾花的花蕊和花瓣放大到了远超花朵实际大小的程度，从而产生了强烈的视觉压迫感，迫使观众去观察那些或曾被忽视的细节。

《黑色鸢尾花》于 1927 年 1 月 11 日至 2 月 27 日在纽约首次展出，引起了极大的反响，连她的丈夫兼画商阿尔弗雷德·斯蒂格里茨（Alfred Stieglitz）都被欧姬芙作品中大胆的视觉形象所震惊。当时纽约最知名的评论家、美国历史学家刘易斯·芒福德（Lewis Mumford）谈道：“昨天乔治亚 · 欧姬芙的展览开幕了……展览很强烈：一场漫长而响亮的性爱爆炸，青春期的性爱，成熟的性爱……”显然，评论家们认为这些放大的花卉是对女性性器官的形态隐喻。但欧姬芙拒绝了这种解释，并声称它们就是花朵本身，而且“当人们在我的画中读到色情意味时，他们实际上是在谈论他们自己的事情”。

1979 年，女性主义艺术家朱迪 · 芝加哥（Judy Chicago）在她最知名的装置作品《晚宴》中给了欧姬芙一个突出的位置。《晚宴》在于表彰那些在作品中开创性地引入女性特质和意象的著名女性主义者和艺术家们。芝加哥的作品从侧面再次阐释了欧姬芙的绘画，并称赞欧姬芙是“女性肖像画”的创始人。但欧姬芙始终拒绝加入女性主义运动或任何与女性主义相关的项目，她说她不喜欢被称为“女性艺术家”，而是希望被视为“艺术家”。

《今日美国》

America Today

作者＼托马斯·哈特·本顿（Thomas Hart Benton，1889—1975 年）

时间＼1930—1931 年

材料＼亚麻布绷于加固木板上做石膏基低，永久油色、坦培拉和上光油

尺寸＼十幅：233.7 厘米 × 406.4 厘米
233.7 厘米 × 341.6 厘米
233.7 厘米 × 341.6 厘米
233.7 厘米 × 297.2 厘米
233.7 厘米 × 297.2 厘米
233.7 厘米 × 297.2 厘米
233.7 厘米 × 297.2 厘米
233.7 厘米 × 297.2 厘米
233.7 厘米 × 297.2 厘米
233.7 厘米 × 297.2 厘米

“今日美国”是一套由十幅壁画组成的、挂满整个房间的大型系列壁画创作，展示了整个20世纪20年代美国生活的全景。20世纪20年代，艺术家本顿游历了美国的众多地区（阿肯色州、密西西比州、阿拉巴马州、乔治亚州等），并用铅笔记录了这些地区的种种生活场景。1930年，本顿接受纽约社会研究新学院（The New School for Social Research）院长阿尔文·约翰逊（Alvin Johnson）的委托，为学院三楼的会议室创作壁画。于是便有了这套“今日美国”，作品中的许多细节都取材于之前的写生材料。1931年，本顿迅速地完成了壁画装饰，而且没有收取任何费用，这套壁画在学院会议室保存了五十多年。1982年学校宣布出售它，条件是不得在美国境外转售或者将组画拆分。1984年，“今日美国”由AXA（安盛保险公司）收购。2012年12月，AXA将这套壁画捐赠给了大都会艺术博物馆。

《机器的力量》（*Instruments of Power*）是“今日美国”系列中尺寸最大的一件，表现了充满现代工业力量的巨大机器。《伸出的手》（*Outreaching Hands*）是系列中最后也是最小的一件，展示了拿面包的手和其他拿着钱的手，暗指1929年开始的经济大萧条所造成的绝望和不平等。尽管作品涉及“大萧条”之类的悲伤历史，但本顿的作品仍然保持了对现代工业文明的积极看法，在他看来，“进步”的理念是建立在现代技术之上的。与此同时，艺术家也坚信，进步所依赖的基础技术和机械力量反过来也会依赖于手工和工业劳动。因此，本顿绘制了大量英勇勤劳的工人，并用他们的身体填满了工业场景中的各个空间。

本顿笔下工人们夸张的姿态和表情还让人想起20世纪早期的电影，他对建筑的形式化处理也使画面呈现出某种舞台效果，尤其是《机器的力量》中的大坝，看上去仿佛是对意大利画家乔治·德·基里科的意大利广场的回应。与这些劳动和戏剧性空间形成鲜明对比的是，本顿还描绘了当时众多流行的休闲活动，如跳舞、听爵士乐、喝酒（在美国当时是非法的）等。城市生活的不安分场景与勤劳奋进的工作景观共同构成了“今日美国”系列的主调，也生动地展现出20世纪20年代自由主义思潮下美国所创造的经济奇迹。

《我看到金色的数字 5》

I Saw the Figure 5 in Gold

作者 \ 查尔斯·德穆斯（Charles Demuth，1883—1935 年）
时间 \ 1928 年
材料 \ 纸板上的油画、石墨、墨水和金箔
尺寸 \ 90.2 厘米 × 76.2 厘米

查尔斯·德穆斯是美国精确主义（Precisionism）绘画的代表画家。精确主义是第一次世界大战后在美国兴起的一场短暂却轰轰烈烈的现代主义艺术运动。它受立体主义、纯粹主义（Purism）和未来主义（Futurism）的影响，通过对绘画对象细节的消除来简化其形式，形成简约的几何形态，并使用如金属般光滑的平面来暗示机械的光泽与质感，从而营造出一种焦点清晰、视觉清晰的视觉效果。20 世纪 20 年代末和 20 世纪 30 年代初是精确主义流行的高峰期，这种艺术风格以“立体主义（形式）+ 现实主义（主题）”的组合展现了新美国景观的宏伟，那些现代的摩天大楼、桥梁和工厂等都是这工业景观中最杰出也最具代表性的符号。

德穆斯的这件《我看到金色的数字 5》是美国精确主义绘画鼎盛时期的杰作之一。这幅画的灵感来自于画家的朋友、美国现代诗人威廉·卡洛斯·威廉姆斯（William Carlos Williams）的诗歌《伟大的数字》（*The Great Figure*）：

在雨和灯火之间
我看见数字 5
金的
在一辆红色
救火车上
移动着
紧张
无人留意
铜锣铿锵
警报器吼叫
轮子轰鸣着
穿过黑暗城市。

诗歌中的意象让人联想到消防车在纽约街道上飞驰而过的声音和景象。画面中，重复、渐变的数字“5”仿佛是消防车呼啸而去的鸣笛声，暗灰色中的球形路灯和交叉的线条隐喻了划破空间的夜雨和警报尖锐的声音，叠加的不同层次和形状的红色方块则代表了消防车疾驰的身影，而这一切都是充满活力的都市能量，是纽约这个现代都市的勃勃生机。

《头像一》

Head I

作者 \ 弗兰西斯·培根（Francis Bacon，1909—1992 年）
时间 \ 1947—1948 年
材料 \ 木板油画和坦培拉
尺寸 \ 100.3 厘米 × 74.9 厘米

弗朗西斯·培根是一位出生于爱尔兰的英国画家，以令人不安的、带有原始意向的绘画风格闻名于世。他专注于表现人类的形象，包括基督受难像、教皇肖像、自画像和亲密朋友的肖像等，艺术家擅长将这些半抽象、被扭曲的对象孤立在几何结构中，从而呈现出“事实的残酷”。

20 世纪 40 年代，培根开始广泛地描绘孤立在房间或几何结构中的男性头像，这件《头像一》正是这个阶段的系列作品之一。1949 年，培根在埃里卡·布劳森（Erica Brausen）位于伦敦的汉诺威画廊（Hanover Gallery）举办了自己的首次展览，共展出了六幅肖像画，《头像一》是这个系列作品中的第一张。艺术家用白线在画布上构建了一个盒子或结构框架，并在这个框架内放入了一个器官扭曲的头像。穿着白领紧身衣的男子，以极度扭曲的角度向后仰头，他的嘴朝向天空，露出让人恐惧的尖牙，似乎在咆哮着。厚涂的肌理营造出类似于犀牛皮的质感——或者，正如评论家罗伯特·梅尔维尔（Robert Melville）当时所写的那样，他具有“湿润的黑蛇的光泽，上面微微撒上了灰尘”。培根的艺术阴郁且内向，专注于流逝的时间和死亡本身，揭示了生存中的痛苦和人类天性中既可怜又可怖的一面。就像他自己说过的那样：“我希望我的画看上去仿佛是人类由此通过时留下的痕迹，是已经消失的记忆。”

培根的一生传奇多彩，他从 20 多岁才开始画画，在 20 世纪 20 年代末和 20 世纪 30 年代初时是一名室内设计师和居所不定的赌徒。直到 20 世纪 40 年代，他才进入职业艺术生涯并创作出可以证明其才华的专业性绘画。此后培根的职业生涯一帆风顺，他具有超凡的魅力，口齿伶俐且博览群书。作为一个享乐主义者，他拥有众多的朋友并活跃在各种社交场合中，直至他的同性伴侣乔治·戴尔（George Dyer）去世，他才减少了对社交活动的参与，但他对赌博和饮酒的热情仍在继续。培根的晚年在约翰·爱德华兹（John Edwards）的陪伴中度过，他们更像父子，一种柏拉图式的、温暖稳定的关系。培根去世后，他的名声稳步增长，他的绘画一直都是艺术市场上最耀眼、最昂贵和最抢手的艺术资产。

BILL
CARLO
No. 5
5
ART Co
C.D.
W.C.W.

《小城里的办公室》

Office in a Small City

作者 \ 爱德华·霍普（Edward Hopper，1882—1967 年）
时间 \ 1953 年
材料 \ 布面油画
尺寸 \ 71.1 厘米 × 101.6 厘米

爱德华·霍普是一位现实主义美国画家和版画家，他的作品常常从平凡的主题出发，在柔和中激发出最强烈的戏剧性，并以这种“具有诗意的层次感”，叙述“完全真实”的美国。

这幅《小城里的办公室》展示了现代城市景观中的一角，如同电影中的某个镜头。霍普通过斜阳余晖那拉长的、富有诗意的光来捕捉并表现了办公室中的男人。他正坐在自己位于大楼顶层的高档办公室内，身体松弛地看向窗外。就像电影或戏剧的剧照，这一时刻或许是某个情节发展的高潮之前或之后。此时微妙且静谧的气氛衬托出男人与环境的微妙互动，暗示了他的孤独、寂寞、遗憾、无聊或者是顺从。正如霍普的妻子、同为画家的约瑟芬·尼维森的理解，这是一位在“混凝土墙中的男人”（the man in concrete wall）。

霍普着迷于这样的城市景观与建筑。他曾说：“我们的本土建筑具有丑陋的美感，奇异的屋顶、伪哥特式、法国曼萨德式、殖民地式、混杂式或类似的风格，具有令人眼花缭乱的色彩或褪色油漆的精致和谐……”评论家和观众们一直试图解读这些城市景观的意义，但霍普坚持认为“我对建筑物和人物上的阳光比任何象征意义更感兴趣”。

这幅画于 1953 年的夏天在马萨诸塞州南部的科德角（Cape Cod）开始创作，同年 10 月下旬在画家纽约的工作室中最终完成。不久后大都会艺术博物馆就获得了这件作品，这是霍普在这一年中创作的唯一一幅油画，也是霍普绘画风格的典型代表。

《壁炉前的裸女》

Nude in Front of a Mantel

作者 \ 巴尔蒂斯（Balthus，1908—2001 年）
时间 \ 1955 年
材料 \ 布面油画
尺寸 \ 190.5 厘米 × 163.8 厘米

巴尔蒂斯是一位波兰裔法国现代艺术家，原名巴尔塔扎·克洛索夫斯基（Balthasar Klossowski），巴尔蒂斯是他的笔名，以青春期女孩形象、精致的梦幻般绘画风格而闻名。

《壁炉前的裸女》是巴尔蒂斯绘画的经典之一。镜子前的模特正在挽起她浓密的长发，她的身体引人注目，似乎散发着温暖的微光。她那雕塑般的、纪念碑式的身体，让人联想到古埃及艺术中的人物形象。整个空间在柔和的银光中传递出永恒的质感，似乎画面所呈现的景象会永远停留在那里，展现出古典绘画的审美理想。对巴尔蒂斯来说，青春期的少女是他终生迷恋的主题，那些出现在他作品中的女孩儿有的在做白日梦，有的斜躺着，有的陷入沉睡……但她们总是全裸或半裸着身体，伴随着一种性启蒙初期的悸动。这个壁炉前的女孩儿同样临近青春期，她仔细观察着自己身体的微妙变化，那是一种半梦半醒的状态，一种迷离的惆怅。从这幅画开始，巴尔蒂斯建立了一种超自然的、非个性情绪的心理绘画，并在其一生的创作中不断探寻着人类心灵深处的隐秘。

巴尔蒂斯在世时就已享有盛誉，并于 1956 年在纽约现代美术馆（MoMa）举办了个展。1964 年，他被任命为罗马法兰西学院（French Academy in Rome）的院长并移居罗马，在那著名的美第奇别墅（罗马法兰西学院的所在地）中主持工作。1980 年，威尼斯双年展特意为他辟出专门的展厅。三年后，巴黎蓬皮杜中心再次举办“向巴尔蒂斯致敬”的盛大回顾展。2001 年，92 岁高龄的画家在瑞士去世，艺术界以“20 世纪最后的巨匠”来定义他一生的成就。

Balthus 1955

《秋的韵律（30号）》

Autumn Rhythm（*Number 30*）

作者 \ 杰克逊 · 波洛克（Jackson Pollock，1912—1956 年）
时间 \ 1950 年
材料 \ 布面珐琅
尺寸 \ 266.7 厘米 × 525.8 厘米

杰克逊 · 波洛克是美国抽象表现主义（Abstract Expressionism）绘画的奠基人，他的作品被视为第二次世界大战后新美国艺术的象征。

《秋的韵律（30号）》是波洛克的著名的抽象表现主义画作之一，也是其“滴画”创作最鼎盛时期的杰作。1947 年至 1950 年间，波洛克以一种将液体颜料倾倒或泼洒到水平布面上的“滴画”方法来进行创作，并使其受到了广泛的关注。以“滴画”方法完成的作品可以从各个角度去观察，是一种极端的抽象形式。画家在绘画过程中通常也是用尽全力，呈现为一种狂热的情绪和行为状态。艺术家自己就曾这样描述道：“一旦我进入绘画，我意识不到我在画什么。只有在完成以后，

我才明白我做了什么。我不担心产生变化、毁坏形象等。因为绘画有其自身的生命。我试图让它自然呈现 。只有当我和绘画分离时，结果才会很混乱。相反，一切都会变得很协调，轻松地涂抹、刮掉，绘画就这样自然地诞生了。”如此创新与极端的创作方式在当时引发了评论界的分歧。一些评论家认可其创作的即时性，并称这样的创作为“行动绘画”（Action Painting）；而另一些则嘲笑其随机和偶发的效果。1949 年 8 月 8 日，当时的《生活》杂志上发表了一篇长达四页的评论文章，问道：“他会是美国在世的最伟大的画家吗？”之后，波洛克一举成名。

1957 年，在波洛克意外去世的第二年，大都会艺术博物馆购买了他的这幅不朽的“滴画”，这再次证明了艺术家对绘画的创造性发明很快就被现代艺术世界接受了。但无论波洛克的技术如何具有革命性，其创作都植根于 20 世纪 30 年代的壁画运动，因为他曾与托马斯·本顿、大卫·阿尔法罗·西凯罗斯一起工作过，正如他自己在 1947 年的宣言：“我打算画一些大型的、可移动的绘画，这些绘画将在画架和壁画之间发挥作用……现代感的动向就是趋向于墙绘或壁画。”

《西班牙共和国的挽歌，第 70 号》

— *Elegy to the Spanish Republic No. 70* —

作者 \ 罗伯特 · 马瑟韦尔（Robert Motherwell，1915—1991 年）
时间 \ 1955 年
材料 \ 布面油画
尺寸 \ 175.3 厘米 × 289.6 厘米

罗伯特 · 马瑟韦尔是美国抽象表现主义的重要画家。他曾先后在斯坦福大学、哈佛大学和哥伦比亚大学攻读哲学、美学和艺术史，并因其受过的专业训练而被认为是抽象表现主义运动中最善于表达的代言人。20 世纪 40 年代，他以一系列涉及政治、哲学和文学主题的抽象绘画和版画闻名于世。这幅《西班牙共和国的挽歌，第 70 号》是其人生中极知名的作品之一。

“西班牙共和国的挽歌”是一套系列绘画。马瑟韦尔大约从 1948 年开始创作和探讨这一主题，并衍生出大约一百多幅变体。这个主题最初来自于西班牙内战（1936—1939 年）和当代诗歌的启发，“挽歌”是艺术家对生与死问题的抽象冥想。在这幅作品中，水平的白色画布被两个或三个自由绘制的竖条有节奏地隔离，而竖条则被不同的卵形间隔开。黑色和白色的组成是一种悲伤与光辉、死亡与生命相对立的色彩。马瑟韦尔将这些矛盾纠缠的力量比喻为他对“活着”本身的体验与理解。整幅画的创作采用了从超现实主义那里继承而来的自动主义（Automatism）技巧，强调艺术家的身心与运笔间的默契，让无意识游动的笔触来填满画布，最终形成一种直通人心的绘画样式。

此后，马瑟韦尔于整个 20 世纪 50 年代都在纽约的亨特学院（Hunter College）和北卡罗来纳州的黑山学院（Black Mountain College）教授绘画，塞 · 托姆布雷、罗伯特 · 劳森伯格和肯尼斯 · 诺兰都深受马瑟韦尔的影响。他是一位教师，也是一位多产的作家，指导了一系列有影响力的现代艺术文献并为一些达达画家和诗人编辑了选集。马瑟韦尔的声名随着时间的发展不断上升。1991 年，他在马萨诸塞州去世，纽约学派的领导者克莱门特 · 格林伯格（Clement Greenberg）评价他是“被低估了的、但在我看来是极好的抽象表现主义画家之一”。

《复活节星期一》

Easter Monday

作者：威廉·德·库宁
时间：1955—1956 年
材料：布面油画和报纸碎
尺寸：45.7 厘米 × 188.6 厘米

威廉·德·库宁是荷兰裔美国抽象表现主义艺术家。他出生在鹿特丹，1926 年移居美国，在第二次世界大战后的几年里，德·库宁成为了纽约画派中的一员，并开始在作品中采用抽象表现主义的绘画方式（或称“行动绘画”）。通过不断探索，德·库宁渐渐形成了自己的抽象表现主义风格——行动抽象风格（gestural style），即依托色彩的表现性，在创作过程中提倡即兴与自然的表达。20 世纪 50 年代，德·库宁充满力量的抽象绘画获得了评论界的认可，此后他的创作表现出多样的尝试与实践，试图打破风格对自身绘画的界定，甚至宣称自己的作品没有风格。就像托马斯·赫兹（Thomas Heath）对他的评论：“对于德·库宁，最重要的是包括一切，什么也不放过，即使意味着在矛盾的骚动中工作，而矛盾和骚动恰恰是他最喜爱的手段。”

这幅《复活节星期一》正是德·库宁“行动绘画”的经典，整件作品充满活力和视觉张力。倾斜的形式和线条相互碰撞、重叠和穿透，拼贴在右下角和右上角的现成物报纸碎片，强化了画面的网格状结构，并使作品呈现出一种易碎的质感。这件作品的最终效果似乎介于创造与破坏之间，带着明显的过程感，（画家）在绘画不断地自然生长和毁灭中找到了平衡。“复活节星期一”正是德·库宁 1956 年完成这件作品的当天，同年春天，画家将包括这件作品在内的共十幅同风格创作一起展出，这是其中最大的一件。评论家托马斯·赫斯称这一系列作品就是“抽象的城市景观”，而《复活节星期一》似乎将时刻变动不居的现代都市景观定格于画面之中。

《作品13号（白红黄）》

No. 13（White, Red on Yellow）

作者＼马克·罗斯科（Mark Rothko，1903—1970 年）
时间＼1958 年
材料＼布面上的油画、丙烯和粉状颜料
尺寸＼241.9 厘米 × 206.7 厘米

马克·罗斯科是一位拉脱维亚裔美国抽象画家，原名马库斯·罗斯科维茨（Markuss Rotkovičs）。他曾尝试过多种绘画风格，如现实主义、表现主义、超现实主义等。自 20 世纪 40 年代开始，罗斯科潜心研读神话、哲学和文学，在作品中逐渐抛弃了具体的形式，并于 20 世纪 40 年代末形成了其完全抽象的、由色块组成的色域绘画（Color-field Painting）风格。色域绘画是对抽象表现主义绘画的发展，是一种通过令人沉思的色彩平面来表现崇高精神的观念场域。

在这幅《作品 13 号（白红黄）》中，罗斯科延续了他自 20 世纪 40 年代以来的色域绘画风格，并通过巨大的画面尺幅来试图唤起观者全方位的情感。在这件完全抽象的作品中，色彩和形状取代了传统的叙事和具体的意象。不同大小的白色块和红色块水平置于黄色之上，白色块似乎悬停在黄色之上，而红色块则似乎嵌在了黄色之中。这种独特的视觉效果部分来自于色块与背景颜色重叠时围绕在它周围的“光晕”，而颜料的半透明性也增强了这种视幻觉的效果。被稀释的颜料浸染了画布的纤维，尽管罗斯科总是尽最大的努力去减少这种绘画媒介的可视性，但这些微妙的材料质感以及涂画的笔触却增加了画面的细节和丰富的品质。

20 世纪 50 年代是抽象表现主义绘画盛行的时期，但这其中包括了两类截然不同的情感类型。一种是以杰克逊·波洛克和威廉·德·库宁为代表的、充满活力的抽象表现主义，他们的画面中充满了有节奏的笔触和富有动感的构图；另一种是由理性的色调、微妙和谐的色彩、相对静态的构图和简单的形式组成的抽象表现主义，罗斯科的作品就是这一类型的代表。此时罗斯科的作品，如这幅《白红黄》还带着明亮欢快的气氛，此后他的作品会越来越朝向静穆以及暗色系发展，直至他自杀离世的 1970 年。

《冬季泳池》

Winter Pool

作者 \ 罗伯特 · 劳森伯格（Robert Rauschenberg，1925—2008 年）
时间 \ 1959 年
材料 \ 综合材料：油、纸、织物、木材、金属、砂纸、胶带、印刷纸、印刷复制品、手持风箱、现成品绘画，两幅画布和梯子
尺寸 \ 227.3 厘米 × 148.6 厘米 × 10.2 厘米

罗伯特 · 劳森伯格是战后美国波普艺术的代表人物。他在 20 世纪 50 年代以综合绘画（Combine Painting）而闻名。综合绘画是一种将各类日常物品（如摄影、简报、服装等）拼贴在画布表面的创作方式，它模糊了绘画与雕塑的界限，也探索了艺术与日常世界之间的模糊界限，被称为“美国艺术史上最具影响力的、诗意和革命性的作品”。

《冬季泳池》是劳森伯格第一幅被博物馆收藏的作品，也是艺术家在其创造力和影响力鼎盛时期的经典。这件“综合”艺术品的结构非常清晰，它的左右是两幅独立的画布，每幅画布大约有一人高。一个木梯子成为它们之间的桥梁，木梯子的腿延伸到地板上，似乎在邀请观众进入画面。两幅画布的构图都是由不规则的矩形网格组成的，这些网格部分是颜料填涂，部分是现成品的拼贴，其中的现成品包括衬衫袖口、手帕、海报上的字母、照片复制品等。劳森伯格这种对传统绘画的突破性处理，既对抗了 20 世纪 50 年代初期的主流绘画风格——抽象表现主义，又打破了自文艺复兴时期以来的观念，即在一幅平面的绘画中塑造出一个真实的理想世界，同时还质疑了艺术品和日常物品之间的区别，并表达出他想“在两者之间的间隙”工作的新愿景。劳森伯格这种对现成品的使用可以回溯到马塞尔 · 杜尚于 1917 年创作的第一件现成品雕塑《泉》（*Fountain*），因此艺术家的这种创作方式有时也被称为“新达达主义”。

1985 年，劳森伯格在中国美术馆举办个展，其新颖且富有创造力的创作方式对一代中国艺术家影响巨大，也推动了中国美术转型期最重要的“85 美术新潮”的发展。1993 年，他获得了美国国家艺术勋章，1995 年获得了达 · 芬奇世界艺术奖（Leonardo da Vinci World Award of Arts）。此后，劳森伯格一直在纽约市以及佛罗里达州的开普迪瓦岛（Captiva Island）工作与生活，直到 2008 年去世。

《九个杰姬》

Nine Jackies

作者 \ 安迪 · 沃霍尔（Andy Warhol，1928—1987 年）
时间 \ 1964 年
材料 \ 布面上的丙烯和丝网版画
尺寸 \ 153.4 厘米 × 122.2 厘米

安迪 · 沃霍尔是波普艺术的倡导者和领袖，是 20 世纪艺术界极有名的人物之一。同时，他还是电影导演、制片人、作家、摇滚乐作曲者、出版商、设计师等，是一位集多种身份于一身的视觉艺术家和明星式艺术家。他的作品成功地运用了多种媒介，包括绘画、丝网印刷、摄影、电影和雕塑等，探索了艺术表现、广告及其与 20 世纪 60 年代蓬勃发展的名人文化之间的关系。

这幅《九个杰姬》是沃霍尔以名人头像作为主题的系列版画中的经典。1963 年 11 月 22 日，约翰 · 肯尼迪总统在德克萨斯州的达拉斯遇刺身亡。数周后，沃霍尔开始收集丧偶的第一夫人杰奎琳 · 肯尼迪（Jacqueline Kennedy，1929—1994 年）的各种照片，这些照片来自于当时大众媒体铺天盖地的各种报道。1964 年 1 月底，沃霍尔搬进了位于东 47 街的新工作室（他在纽约著名的“工厂”中的第一个工作室），并用丝网印刷的方式制作了三百多幅杰奎琳的图像，这里的“杰奎琳”被印制于做有蓝色和金色基底的画布上，经过剪裁的照片再现了总统被枪杀前的一个瞬间，沃霍尔在画布上一遍又一遍地复制了这张将欢乐与悲伤融为一体的照片，使无处不在的报道和公众对这一悲惨事件的关注达到了新的高度。

从这些版画中，我们可以看到沃霍尔的冷漠和玩世不恭：大规模生产、偷窥和对流行文化中从众心理和机会主义的迎合。不断重复的图像就如同全天候滚动的电视或网络新闻一样，没完没了地重复着同一个悲剧性的故事。而从更深层次来看，随着肯尼迪总统的遇刺，一个激愤又幻灭的美国时代开始出现了，这是一个关键的转折点，在此之后，《民权法案》（*Civil Rights Act*）受阻、越战升级、嬉皮士文化流行……没有哪个艺术家如沃霍尔一样能够如此准确地把握住文化的脉搏，在那疯狂迭变的潮流中扮演着一位活跃的反思者的角色。

《无题》

Untitled

作者 \ 塞·托姆布雷（Cy Twombly，1928—2011 年）
时间 \ 1970 年
材料 \ 布面油画和蜡笔
尺寸 \ 155.9 厘米 × 190.5 厘米

塞·托姆布雷是一位美国裔意大利籍的画家、雕塑家和摄影师。他出生在美国弗吉尼亚州西南部城市莱克星顿（Lexington），原名叫埃德温·帕克·托姆布雷（Edwin Parker Twombly Jr.）。1951 年，托姆布雷在好友劳森伯格的鼓励下前往北卡罗来纳州著名的黑山学院学习，师从抽象表现主义大师弗朗茨·克莱恩和罗伯特·马瑟韦尔。1952 年，他与劳森伯格一起前往欧洲游学。游学回国后，托姆布雷画出了他艺术生涯中的最早的典型作品——它们通常是画在灰色、棕褐色或灰白色等纯色画面上的、尺幅巨大的、自由如涂鸦或如草书的作品。在这些看似杂乱无章的形象中，托姆布雷经常会引入斯特凡·马拉美（Stéphane Mallarmé）、赖纳·马丽亚·里尔克（Rainer Maria Rilke）和约翰·济慈（John Keats）等诗人的诗句，以及古典神话和寓言的内容。托姆布雷认为，一切绘画的痕迹、挥洒的颜料、任性的笔触，那些看似混乱涂鸦的抽象背后都有着深层次的含义，那不是艺术家自身的故事，而是对古老文明与艺术中本已有之的故事的追寻。

这幅《无题》来自托姆布雷典型性风格创作的第二个阶段。在这一阶段中，艺术家在绘画时投入了更多情感化的因素，如更加丰富自由的色彩、更柔和感性的笔触等。托姆布雷在 20 世纪 50 年代移居罗马，并很快被从达·芬奇到未来主义者（Futurists）的艺术所吸引，尤其对达·芬奇充满活力的手稿和素描充满了兴趣。在达·芬奇的手稿和素描中，文字通常是采用镜像的方式手写的，这种去意义化的方式使得文字丧失了被理性阅读的可能，从而成为一组组抽象的图像，与画面中的风暴、植物和人体的图画争夺着视觉空间。在这幅《无题》中，托姆布雷精致的赤褐色、灰色和深蓝色呼应了达·芬奇手稿中令人熟悉的笔迹，而那看起来如铁环循环的涂鸦是托姆布雷在 20 世纪 60 年代后期发展出来的一种新技术，看上去像涂鸦、文字和图像的神秘混合体。

《富士山与花卉》

Mount Fuji and Flowers

作者＼大卫·霍克尼（David Hockney，生于 1937 年）
时间＼1972 年
材料＼布面丙烯
尺寸＼152.4 厘米 × 121.9 厘米

这幅画是霍克尼的一件代表性作品。画面构图简洁，蓝色的富士山前摆放着一只插着水仙花的竹筒花器。和谐的色彩、平滑温润的质感，呈现出不寻常的视角和温情，波澜不惊的生活在他的笔下散发出淡淡的诗意。

1971 年夏天，霍克尼在与自己的缪斯、同性恋人彼得·施莱辛格（Peter Schlesinger）分手后，和朋友马克·兰卡斯特（Mark Lancaster）一同前往日本，这幅作品就是画家从日本回国后在伦敦创作的。在作品中，霍克尼采用了多种绘画方式，例如对富士山的处理采用了细腻、滴洒的色域绘画（color-field）方法，前景中的花器和白水仙则以硬边风格（hard-edged style）呈现。此外，这件作品还是多种元素的组合拼贴——例如画家将富士山明信片上的照片与插花手册上的图片组合后再进行绘制，所以这种创作并不是常规意义上的写生。霍克尼之所以这样做或许是因为，他原本带着对“未被破坏”的田园风光的向往而远赴日本，但高度现代化的日本显然与他的东方想象相去甚远，因此，这件作品通常被视作霍克尼对日本商业文化的讽刺性回应。

大卫·霍克尼是当今国际画坛极具影响力和炙手可热的大师之一。他出生在英国布拉德福（Bradford），就读于皇家艺术学院。1961 年，霍克尼前往美国定居加州，加州时期的作品奠定了霍克尼在艺术世界的地位，他那与艺术潮流保持着若即若离关系的、布满阳光的、散发着饱和复杂性的绘画，曾掀起了艺术世界的“大水花”。近些年来，霍克尼不断尝试着用更新的科技来革新艺术，他甚至尝试运用 iPad 进行创作，努力探索和挑战着传统绘画中笔触和线条的习惯性表达。

《卢卡斯之一》

Lucas I

作者＼查克·克洛斯（Chuck Close，1940—2021 年）
时间＼1986—1987 年
材料＼布面油画和石墨
尺寸＼254 厘米 × 213.4 厘米

查克·克洛斯是一位照相写实主义（Photorealism）美国画家、视觉艺术家和摄影师，最初以他那巨大的、黑白单色的、细致入微的头像绘画而闻名。这些被称为照相写实主义风格的作品，以照片为基础，通过精确的复制将照片渲染为尺幅巨大的作品。而且艺术家还会将照片对象的每一个毛孔和瑕疵都放大到意想不到的程度，从而塑造出比照片还要精致入微的质感。克洛斯这些超级写实主义绘画的对象都来自他的亲戚和朋友们，其中许多人也是与艺术界有关的艺术家、经销商或收藏家等。作品的标题就以这些模特的名字来命名，其随意不拘的形式让人印象深刻。

在这幅《卢卡斯之一》中，他描绘了同为艺术家的朋友卢卡斯·萨马拉斯，由颜料点构成的卢卡斯肖像是克洛斯继早期照相写实主义绘画后的新尝试与扩展。事实上，这种风格超越了其早期的照相写实主义，因为这些绘画细节（色点）详细地阐述了艺术家对感知行为的调研——将视觉信息分解为观看的过程，而不仅仅是最终的结果。为了创作这些肖像，克洛斯首先给模特拍照，然后在照片上画上网格，接下来他会有条不紊地用小破折号、色点、拇指指纹或贴片在放大的比例上复制每个照片网格中的内容。近距离观察时，图片的元素（每一个网格）都是一个单独的抽象标记。从远处看，它们便融合成了一幅写实的肖像。为了能够让 2 米多的画布上的丰富元素融合在一起，观众被迫站在离作品很远的地方观看，而且还需要观众的理性思考。与此同时，当观众可以完整地看到肖像时，肖像也正冷酷地、无声地、坚定地凝视着观众。

《海边的波希米亚》

***Böhmen liegt am Meer*（*Bohemia Lies by the Sea*）**

作者 \ 安塞姆 · 基弗（Anselm Kiefer，生于 1945 年）

时间 \ 1996 年

材料 \ 粗麻布上的油、乳剂、虫胶、木炭和粉末涂料

尺寸 \ 191.1 厘米 × 561.3 厘米

安塞姆·基弗是德国新表现主义的代表画家和雕塑家，被公认为德国当代极重要的艺术家之一。他在 20 世纪 60 年代末跟随彼得·德雷尔和霍斯特·安特斯学习，在 20 世纪 70 年代逐渐形成自己的风格。他的作品深受诗人保罗·策兰（Paul Celan）的影响，并常常引用策兰诗歌的诗句或名字来命名自己的作品，同时融合了稻草、灰烬、黏土、铅和虫胶等综合材料，通过“如废墟一般荒芜和破败”的作品来发展其对德国历史和文化的反思。基弗自 1992 年以来一直在法国生活和工作，2008 年后主要在巴黎生活和工作，并于 2018 年获得了奥地利公民身份。

在这件尺寸巨大的画布上，基弗表现了一条穿过罂粟花田的、孤立的乡间小路。罂粟花被描绘成了干涸的血色，它们是死亡的象征，也是退伍军人的标志。这件作品的标题“海边的波希米亚”被刻在了狭窄的地平线上，它来自于奥地利女诗人、小说家英格褒·巴赫曼（Ingeborg Bachmann，1926—1973 年）的一首诗，诗中表达了对乌托邦的渴望，同时也认识到乌托邦是永远无法企及的事实，就像这幅画中的“波希米亚”（Böhmen）——那早已消失在历史长河中的波伊人的居住地，永远无法与海相临。在这里，基弗隐晦地探讨了苏台德地区（Sudetenland）的历史——德国第二次世界大战所造成的恶果使得曾经在苏台德地区生活居住了近千年的德意志人被捷克斯洛伐克血腥地强制驱逐，从而留下了深刻的民族创伤，以及困扰德国和捷克两国多年的国家关系。基弗的绘画总是带着一种充满痛苦的历史使命感，其主题也是具有重要历史意义的事件、人物或某些传奇。他坚定地面对自身文化的黑暗过去，并采用一种宏大的规模和对历史印记进行有意义编码的方式来进行追索与反思。

《无题（工作室）》

Untitled "Studio"

作者 \ 克里·詹姆斯·马歇尔（Kerry James Marshall，生于 1955 年）
时间 \ 2014 年
材料 \ 丙烯画于 PVC 板上
尺寸 \ 211.6 厘米 × 302.9 厘米

克里·詹姆斯·马歇尔是一位非裔美国艺术家和教授，以其黑人人物画而闻名，是美国极有成就的黑人艺术家之一。

马歇尔在阿拉巴马州的伯明翰出生和长大，童年时搬到了洛杉矶中南部社区瓦茨（Watts），那里是洛杉矶的贫困的社区之一。1965 年，社区爆发了洛杉矶市有史以来最严重的骚乱，此后那里的黑人民权运动对马歇尔的绘画产生了重大影响。在马歇尔的作品中，他拒绝迎合已有的黑人刻板印象，通过对历史和文化的援引来聚焦美籍非洲裔人所经历的黑暗和身份认同问题。绘画中那极其黑暗的、基本上是纯黑色（永远由炭黑、玛斯黑、象牙黑组成）的人物，就是最醒目的标志。“（我）画中的黑色是不可辩驳的。毫不含糊的‘这些是黑色’，我要人们立刻认识到这一点。这些不同的黑色证明了黑色所具有的复杂性、深度及丰富性。”

这幅《无题（工作室）》来自马歇尔成长中的一段经历。马歇尔在七年级时曾参加过洛杉矶奥蒂斯艺术学院（Otis Art Institute）的一个暑期课程，当时他去参观了自己的偶像、美国黑人画家查尔斯·怀特的工作室。这是马歇尔第一次亲眼看到艺术家的工作空间，也是在那个时刻他意识到自己也可以画画。这幅关于“工作室”的绘画在一定程度上讲述了一位黑人艺术家对工作空间的发现，那是一个可以展示所有艺术创作模式、艺术语言和内容的工作场所。同时，它也是对艺术家的工作方式以及仍在其中进行实践的多种可能性的庄严颂歌。在马歇尔看来：“黑人以最迷人的方式占据了空间，或是一个平凡的空间。风格是黑人生活和工作中不可或缺的一部分，以至于走路并不是一件简单的事情。你必须有风格地走路；以某种节奏说话；以某种天赋来做事。所以在绘画中，我试图表现出同样的戏剧性倾向，这似乎是黑人文化中不可或缺的一部分。”

LOWEL TOTA

大英
博物馆

The British Museum

卢浮宫博物馆

大都会艺术博物馆

艾尔米塔什
博物馆

普拉多博物馆

大英博物馆
The British Museum

“博物馆将我们与本民族文化的历史甚至世界上其他民族文化的历史联系在一起，我们从中了解先辈们如何面对挑战、克服挑战，甚至于挑战失败，但这些实践经验对今天的我们来说，依旧很有启发性与指导性。”

——大英博物馆前馆长哈特维格·费舍尔（Hartwig Fischer）

图 1. 伦敦大英博物馆航拍图

位于伦敦布鲁姆斯伯里（Bloomsbury）的大英博物馆是一座致力于保存和展示人类历史、艺术和文化的公共博物馆。它所拥有的八百万件的永久收藏，记录了人类文化从上古到现在的故事，是全球第一座囊括了所有知识领域的国家公共博物馆（图 1）。

博物馆的现有建筑为 19 世纪中叶所建，面向大罗素街（Great Russell Street）的南侧正门是罗伯特·斯米尔克爵士（Sir Robert Smirke）设计的、经典的希腊复兴式建筑立面，由四十四根 14 米高的爱奥尼克立柱组成。主入口上方的三角墙装饰雕塑由理查德·韦斯特马科特爵士（Sir Richard Westmacott）设计，于 1852 年安装。这组仿希腊风格的高浮雕由十五个寓言式的人物构成，描绘了文明进步的历程（图 2）。

博物馆目前共分三层：主层（一、二、三层）、上层（四、五、六层）和负一层，约百间陈列室，面积约 7000 平方米，是世界上规模最大的综合性博物馆。来自世界各地的游客可以在这里看到不同文化系统的文物珍品以及众多伟大的科学家的手稿和书籍，追溯和重新认识两百万年来的人类历史（图 3）。

图 2. 大英博物馆的主入口

图 3. 1980 年重新开放的杜维恩展厅（Duveen Gallery），里面陈列有大英博物馆的镇馆之宝帕特农神庙（Parthenon）雕塑

一、始于“珍奇屋”

16 世纪的“地理大发现”开启了欧洲大陆探索大自然的浪潮，欧洲的上流社会也随之兴起一股收藏新世界奇珍异宝的潮流。皇家贵族和富有的商人们发现，对那些来自全世界各地的奇奇怪怪的标本、植物等的收藏和展示，不仅可以显示自身的博学和对世界的好奇心，还可以潜在地炫耀他们所拥有的远超金银珠宝的财力和权力。于是，这些最有权势的收集者们将自己满意的奇珍异宝陈列在一间小屋子里，并在客人到访时向他们逐一展示。后来，这些体现了收藏者独特品位、兴趣和财富水平的小屋子便有了一个统一的名字——“珍奇屋”（Cabinet of curiosities）。

18 世纪初，出身于爱尔兰阿尔斯特（Ulster）的伦敦医生、科学家兼博物学家汉斯·斯隆爵士（Sir Hans Sloane，图 4），从伦敦富商威廉·考特恩（William Courten）手中购买了一座珍奇屋，这也是他一生中最大的一笔收藏。除此之外，这位迎娶了富有的牙买加种植园主遗孀的医生，终其一生都始终保持着对世界的好奇心，到他去世时为止，斯隆爵士拥有近七万一千件藏品，其中包括约四万本印刷书籍、两万多个钱币和纹章、七千份手稿、广泛的自然史标本、约三百三十七卷干燥的植物、版画和素描（其中包括阿尔布雷特·丢勒的版画和素描），以及苏丹、埃及、希腊、罗马、古代近东、远东和美洲的文物等。因为不希望这些藏品在自己死后被拆散，斯隆爵士最终以 2 万英镑的价格将其遗赠给了当时的英国国王乔治二世（King George II），以供国家之用。这笔庞大的私人收藏构成了今天大英博物馆的馆藏基础，一间“世界博

图 4. 博物馆的奠基人汉斯·斯隆爵士

图 5. 1715 年的蒙塔古故居北立面

图 6. 大英博物馆的中央大厅（The Great Court）

博物馆最初选址于伦敦布鲁姆斯伯里区的 17 世纪豪宅蒙塔古故居（Montagu House，图 5）。随着藏品的不断丰富，到 19 世纪中叶时，优雅的蒙塔古故居已无法满足博物馆发展的需要，于是这座建筑被原地拆除再建。今天的游客们看到的希腊复兴风格的大英博物馆就是在蒙塔古故居原址上经过重建和一系列扩建、改建后的建筑。

1753 年 6 月 7 日，乔治二世国王批准了创建大英博物馆的《1753 年英国博物馆法》（*British Museum Act 1753*），大英博物馆成立。同年，根据博物馆法，英国国家机构还在斯隆爵士收藏的基础上增加了两个图书馆，即由罗伯特・科顿爵士（Sir Robert Cotton）建立的、可追溯到伊丽莎白时代的科顿图书馆（Cottonian Library）和由牛津伯爵（Earls of Oxford）建立的哈雷图书馆（Harleian Library）。1757 年，“旧皇家图书馆”（Old Royal Library）也并入大英博物馆。其中，科顿图书馆和哈雷图书馆的加入，引入了文学和古董资源，这也意味着大英博物馆同时拥有了国家博物馆和图书馆的双重属性。1759 年 1 月 15 日，大英博物馆终于正式对公众开放，欢迎所有“好学的求知者”来免费参观（图 6）。

作为英国第一座新型博物馆——国家博物馆，大英博物馆既不属于教会，也不属于国王，它面向所有的公众自由开放，带着“好奇心”收集和展示所有能够记录人类文明的“痕迹”。

二、发现两百万年的人类历史与文化

“欢迎回到大英博物馆。我们很高兴能重开大门，让参观者与两百万年的历史重聚。”

——大英博物馆前馆长哈特维格·费舍尔

1759年1月15日，大英博物馆在蒙塔古故居为学者们开放第一场展览和阅览室时，馆藏的图书占据了蒙塔古故居底层的大部分房间，而以斯隆爵士的藏品为主体的自然历史文物则占据了展览馆第二层的整个侧翼。1763年，大英博物馆的受托人在英国植物学家彼得·科林森（Peter Collinson）和科学家威廉·沃森（William Watson）的建议下，聘请了18世纪最伟大的生物学家卡尔·林奈（Carl Linnaeus）的学生、博物学家丹尼尔·索兰德（Daniel Solander），由他根据林奈体系对自然史部分的藏品进行了重新分类，从而使博物馆成为了符合全欧洲自然历史学家访学需求的公共学习中心。

图7. 24号展厅中的复活节岛石像“Hoa Hakananai”

图8. 18号展厅中的帕特农神庙东三角墙上的雕像

图9. 17号展厅中重建的海神涅瑞伊得斯纪念碑（Nereid Monument）

1. 古代的西方世界

1772年，大英博物馆以8410英镑的价格收购了英国驻那不勒斯大使、古代艺术专家威廉·汉密尔顿爵士（Sir William Hamilton）的古典收藏——珍贵精美的古希腊花瓶，这些拥有完美细节和崇高美感的古代花瓶，再次激发了欧洲人对古代艺术的热爱、想象和追寻。此后，汉密尔顿爵士不断将其收藏的其他类型的古希腊和罗马文物，以及一些自然历史标本出售给博物馆。1784年，博物馆又收到了汉密尔顿爵士遗赠的绘画——得罗·法布里斯的学生弗朗西斯科·普罗格尼为汉密尔顿绘制的《大理石阿波罗巨像》。

同期，詹姆斯·库克（James Cook）船长和其他探险家在环球航海后带回来的物品，也让游客们有机会对那些曾经一无所知的新世界一探究竟。这些新奇的珍宝来自南太平洋上包括复活节岛、汤加、新赫布里底、新喀里多尼亚、诺福克岛和以库克船长命名的库克群岛等岛屿，以及人迹罕至的南极洲，它们分别于1771年和1775年进入大英博物馆，成为了“在精美的埃及藏品到来以前馆内最受欢迎的展品”（图7）。

自19世纪开始，希腊、罗马和埃及文物逐渐成为大英博物馆的主要藏品，并最终奠定了博物馆雕塑收藏的基础。1801年，英国在尼罗河战役中击败法国，获胜的英方要求法军留下所有的军事物资和法国学者们在埃及的所有发现，大英博物馆也因此而开始获得更多的、重要的埃及文物，其中就包括大名鼎鼎的、被称为破译象形文字钥匙的罗塞塔石碑。1802年底，罗塞塔石碑以国王乔治三世（George II）捐赠的名义进入大英博物馆，石碑上至今

图 10. 9 号展厅中的亚述皇宫浮雕

还有以英文书写的字样“1802 年，不列颠军队的战利品”。1818 年，包括著名的拉美西斯二世巨型半身像在内的众多埃及纪念碑雕塑开始大量进入大英博物馆。紧接着，希腊的雕塑也源源不断地进入博物馆，其中，最具规模的部分来自第 7 代埃尔金伯爵托马斯·布鲁斯（Thomas Bruce）。埃尔金伯爵于 1799 年至 1803 年担任驻奥斯曼帝国大使，在任期间他从雅典卫城的帕特农神庙移走了近百分之六十的雕塑。1803 年，满满两百箱文物从希腊运往伦敦。1816 年，这些“古代艺术中真正一流的珍品”被大英博物馆根据议会法案收购（图 8）。

2. 博物馆的近东收藏

博物馆的古代近东收藏开始于 1825 年，英国著名的亚述学家克劳迪乌斯·詹姆斯·里奇（Claudius James Rich）的遗孀将其毕生收藏卖给了博物馆，其中包括大约九百卷阿拉伯语、波斯语和土耳其语的手稿，大量的查尔迪语和叙利亚语手稿，在巴比伦和尼尼微发掘的宝石和文物，甚至包括有史以来第一批被带到欧洲的楔形文字铭文。因此，基于里奇遗产的重要性，他的肖像被永久悬挂于博物馆手稿部的阅览室中。

1840 年，大英博物馆参与了第一次海外发掘，由考古学家查尔斯·费罗斯（Charles Fellows）带队前往小亚细亚的赞索斯探险，并成功地在那里发现了古代利西亚（Lycia）统治者的陵墓遗迹，其中包括博物馆今天最著名的“海神涅瑞伊得斯纪念碑”（图 9）和哈比墓（Harpy Tomb）等展品。

1857 年，英国考古学家查尔斯·托马斯·牛顿爵士（Sir Charles Thomas Newton）发现了公元前 4 世纪的哈利卡纳索斯墓（Mausoleum of Halikarnassos），它被认为是古代世界七大奇迹之一。同期，博物馆还支持了英国亚述学家奥斯汀·亨利·莱亚德爵士（Sir Austen Henry Layard）等相关专家在亚述古城尼姆鲁德和尼尼微等遗址的考古挖掘，考古学家们最终发现了亚述帝国最后一位伟大君主亚述巴尼拔

图 11. 12 号展厅，即沃德斯顿遗赠展厅（Waddesdon Bequest）中的文艺复兴时期金属制品

（Ashurbanipal）的楔形文字石碑，并使博物馆成为了全球亚述研究的学术中心（图 10）。

3. 发现更广阔的世界

直到 19 世纪中期，博物馆的藏品类型都相对有限，但随着古董学家奥古斯都・沃拉斯顿・弗兰克斯爵士（Sir Augustus Wollaston Franks）于 1851 年被任命为藏品策展人后，博物馆开始从更广阔的世界收集藏品。最先是开始收集英国和欧洲中世纪之前的文物，随后向亚洲扩展，最终使博物馆的民族志藏品获得了更加多元化的发展。弗兰克斯爵士于 1897 年去世时，还将自己毕生的全部收藏捐赠给了博物馆，包括约三千三百枚戒指、一百五十余件酒器、五百余件大陆瓷器、一千五百枚挂坠（netsuke，一种起源于 17 世纪日本的微型雕刻工艺品，挂在钱包或烟杆上）、八百五十件印笼（inro，一种日本传统的用来装印章等小物件的盒子，穿着和服时将它悬挂在腰间）、三万多个书板、各种珠宝

图 12. 33 号展厅中的来自中国河南辉县的春秋青铜壶

盘子以及著名的阿契美尼斯时代的"阿姆河宝藏"（Oxus Treasure）。

与此同时，博物馆的海外发掘工作仍在继续，考古学家约翰·伍德（John Turtle Wood）在以弗所发现了公元前4世纪的阿尔忒弥斯神庙（Temple of Artemis）遗迹，这是古代世界的另一个奇迹。维多利亚时代的建筑学家威廉·伯吉斯（William Burges）于1881年将其收藏的武器等军事用品遗赠给了博物馆。1882年，博物馆参与建立了独立的埃及探索基金会（Egypt Exploration Fund），这是第一个在埃及开展研究的英国机构。此外，英国鸟类学家艾玛·特纳小姐（Miss Emma Turner）的遗赠也资助了在塞浦路斯开展的考古发掘工作。

1898年，博物馆又获得了一批珍贵的、中世纪及文艺复兴时期的文物，这近三百件珍宝曾收藏在费迪南德·德·罗斯柴尔德男爵（Baron Ferdinand de Rothschild）位于白金汉郡的法式城堡沃德斯顿庄园，其中不乏精美的珠宝、盘子、珐琅、雕刻、玻璃和马约利卡陶器（maiolica），最引人注目的是圣荆棘龛（Holy Thorn Reliquary），这件镶嵌了黄金、珐琅和宝石的圣物箱曾用于存放耶稣荆棘冠上的荆棘刺，因而被称为"一座单品博物馆"（图11）。

20世纪上半叶，博物馆的藏品数量还在不断增加，中非、中亚的收藏也在不断地增长和扩充。美国的摩根家族（Morgan）为博物馆带来了欧洲各地的史前文物等大量物品以及约翰·埃文斯爵士（Sir Arthur John Evans）的硬币收藏……

大英博物馆在其两百六十多年的历史中，通过不间断地扩充收藏，博物馆的藏品已达到将近八百万件，这些藏品所涉及的时间跨度涵盖了近两百万年的人类历史。尽管今天的大英博物馆已不再收藏自然史藏品，它曾经收藏的书籍和手稿现也成为了独立的大英图书馆的一部分，但博物馆现有的文物仍足以完整地展现古代世界和现代文化的普遍性。

致力于将两百万年人类历史重聚的伟大工程将永不停止，博物馆的策展人们会继续收集历史的"痕迹"，并与科学家们以及英国和世界各地的学术机构、社区合作者们共同努力，通过积极的研究、展览、出版物、讲座、活动、网站（特别是"在线收藏"）和社交媒体与公众分享人类的故事。

三、引人注目的东方文物

大英博物馆的亚洲收藏范围极为广泛，相关藏品超过七万五千件，涵盖了整个亚洲大陆，从东亚、南亚、中亚到东南亚均有广泛的涉及。其中许多物品来自大英帝国殖民时代的殖民官员和探险家们对当地文化遗产的收集。2000年以后，来自亚洲的民族志收藏也被归于博物馆的亚洲收藏部，这些民族志藏品反映了世界上最大大陆的多样性环境。从中国到印度，从中东到日本，大部分民族志材料来自部落文化和狩猎采集者最初使用的物品，其中的许多生活方式在20世纪都已逐渐消失。其中特别有价值的藏品来自安达曼群岛和尼科巴群岛、斯里兰卡、泰国北部、中国西南部、日本北部的阿伊努人群落、西伯利亚和东南亚岛屿，尤其是婆罗洲，以及一组来自爪哇的独特物品（包括皮影和伽美兰音乐套装）。

图13. 95号展厅中的波西瓦尔·大维德（Percival David）中国陶瓷收藏

作为东方文化的重要组成部分，目前有大约两万三千件中国文物被收藏于大英博物馆中，这也使大英博物馆成为收藏中国流失文物最多的海外博物馆。由于展示空间有限，大部分中国文物只能保存于库房，公开陈列的展品约有两千件，只占藏品总数的约十分之一。这些华丽珍贵的中国物品包括绘画、玉器、青铜、陶瓷和漆器等，几乎囊括了中国文物的所有类别。从标志性的明代青花瓷到精致的手环，从宏伟的唐代墓俑到现代艺术品，系统地展示了从公元前五千年到现在的中国历史与文化，也呈现了古代中国丰富的艺术和物质文化（图 12）。

就绘画来说，藏品就包括了被称为中国卷轴画史开篇之作的《女史箴图》，它也是目前尚能见到的中国较早的绘画精品之一。《女史箴图》由东晋顾恺之绘制，原作已经佚失，现今传世的两件摹本，一本是大英博物馆所藏的这件唐人摹本，另一件是现藏于北京故宫博物院的宋人摹本。虽然对于大英博物馆摹本的创作年代学术界仍有争议，但学者们却一致认为这件摹本更能体现原作的神韵。此外，李思训的《青绿山水图》、巨然的《茂林叠嶂图》、李公麟的《华岩变相图》、范宽的《携琴访友图》等众多稀世珍品都收藏于大英博物馆。

另外，现藏于大英博物馆的敦煌遗书与绘画一万两千至一万五千余件，均为敦煌文物的精华。

现悬挂于大英博物馆中国馆（33 号展厅）中央墙上的《三菩萨壁画》是一幅高 4 米、宽 3.9 米的巨幅壁画，出自中国河北省行唐县清凉寺，该寺院建于金大定二十三年（公元 1183 年），是佛教信众往返山西五台山朝圣途中的重要一站。明永乐二十二年（公元 1424 年），五台山寺院委派僧人到清凉寺绘制了这幅壁画，后来分别于明正统二年（公元 1437 年）、明成化四年（公元 1468 年）重新修葺过。壁画中间所绘的是观世音菩萨，头戴宝冠，冠上有阿弥陀佛像；左边是普贤菩萨，手持拂尘，头冠有三宝；右边是文殊菩萨，手持如意，头冠上也有一尊佛像。三菩萨面庞丰腴，体态雍容，衣饰华丽，栩栩如生。抗日战争时期，清凉寺毁于战火，如今收藏在大英博物馆的《三菩萨壁画》是清凉寺唯一存世的遗物。

在玉器收藏方面，大英博物馆的中国玉器收藏体系非常完备，从新石器时代的良渚玉琮和红山玉龙到明清玉杯、碗、摆件，琳琅满目，完整地构成了中国玉器发展的视觉历史。透过这些温润俊秀的雅器，参观者应当能够体验到中国古人对待自然的既充满敬畏又渴望合一的独特文化心理。这些玉器

图 14. 博物馆中国展厅中的汉白玉阿弥陀佛立像

图 15. 大英博物馆阅览室

收藏中的重点是汉代以前的高古玉。以东周玉璧为例，玉璧上常刻有鸟或兽头的图案，外圈围绕着交织缠绕的卷纹，中央部分常刻有十字纹图案，当玉璧移动时，会产生闪闪发光的效果。再比如东周至秦汉时期的玉剑饰，这些配饰是挂在剑上的装饰品，但当时的巫术信仰认为将金属武器的力量与玉石的能量结合在一起时，可以达到抵御死亡与腐朽的神奇作用。

在青铜重器的收藏方面，大英博物馆所藏的商代青铜器数量虽并不多，但颇具特色。其中最引人注目的当属一件商晚期的双羊尊。两只背对背联结的公羊背负尊身，四条羊腿用作支撑，公羊的形象塑造得惟妙惟肖。在出土的商代青铜器中，双羊尊具有独特的地位，它属于南方长江流域的青铜器风格，用大英博物馆介绍词的话说，双羊尊“独特的风格将其与当时商代统治中心以外的制造传统联系了起来”。与双羊尊同样出自清宫旧藏的重器还有西周时期的周伯启卣，器身镌刻的铭文透露出它“出自西周郑地”的身世。来自河南安阳殷墟的商晚期（公元前1200—前1000年）鸮卣，是藏品中最古老的青铜器。“鸮”是猫头鹰的别称，中国古代将夜行之鸮的形象用作祭祀的礼器，认为它可通鬼神。“卣”是古代的一种酒器，也是当时贵族阶层的专属用器。这只鸮卣整体看起来像两只背靠背的鸮，上部的盖子为鸮首，伸出的两只尖角为鸮喙，鸮的身体作为酒罐，两只爪子为罐子的四足。晚商的青铜卣大部分装饰华美，造型繁缛。这只鸮卣同样如此，表现鸮翼的鳞状纹饰占据了大部分的器身，余下的空间（包括器盖）则以云雷纹为底，上饰小型的鸟纹和龙纹，使这个酒器带有几分凶猛而神秘的色彩。从工艺上看，这些中国古代的青铜器造型奇巧，纹饰华丽，装饰神秘，显现出古代中国在冶金和文化艺术上特有的创造力。

在瓷器收藏方面，大英博物馆的第95号展厅（大维德基金会常设展厅）完美地呈现了来自中国的精美的陶瓷器，它们出自波西瓦尔·大维德爵士的收藏（图13），包括了自晋代到清代的大量宫廷陶瓷器精品、传世珐琅彩瓷器和极为稀有的汝窑瓷器，丰富的程度仅次于北京故宫博物院和台北故宫博物院。大维德爵士在20世纪20年代和30年代收藏了一千七百多件中国瓷器，其中就包括著名的《青花云龙纹象耳瓶》，

这对元代青花瓷器是鉴定元青花的标准器，在中国陶瓷史上具有非常重要的地位。此外还有宋代的官窑侈口瓶、北宋汝窑的青釉葵瓣式盏托以及全世界仅存两件的汝窑奁式炉等。与大维德爵士几乎同一时期，英国—希腊银行家乔治·尤莫福普洛斯（George Eumorfopoulos）也收藏了大量的中国文物，包括汉唐以来的陶瓷器，以及部分青铜器、雕塑和绘画。尤莫福普洛斯的陶瓷器藏品奠定了大英博物馆中国瓷器收藏的专业化基础，使博物馆将关注点从之前对中国瓷器的审美鉴赏转向更系统化的收藏与研究。

关于中国的古代造像收藏，大英博物馆中国馆矗立的阿弥陀佛立像是隋代佛造像中的经典，面相丰满，神情庄重而又不失慈祥温和，完美地展现了隋代佛造像上承魏晋遗韵，下启隋唐新风的时代特点。自从1938年卢芹斋将其捐赠给大英博物馆以来，至今仍是博物馆的珍藏至宝（图14）。这尊高达6米的阿弥陀佛立像由汉白玉雕刻而成，汉白玉石雕以河北省曲阳县最为著名，这尊造于隋开皇五年（公元585年）的巨大佛造像就来自于河北省曲阳县韩崔村的崇光寺。此外，这尊阿弥陀佛原本还有观世音、大势至两尊胁侍菩萨，共同构成“西方三圣”的规制，但观世音菩萨像已流落到东京国立博物馆，大势至菩萨像则早已下落不明。除此之外，大英博物馆所藏的易县辽代三彩罗汉也是此类藏品中的经典，历经一千多年的陶瓷罗汉像仍然色彩鲜亮，栩栩如生，是辽代写实主义雕塑的极高成就。

在这座收藏了诸多中国文物的博物馆中，众多流失海外的珍贵的文物，展现了华夏祖先在浩瀚的历史长河中创造的伟大艺术成就，映衬着中华文明史上无数个熠熠生辉的精彩瞬间。丰富的中国文物也让大英博物馆越来越深刻地认识到中国艺术的价值以及对自身殖民史的反思。就像大英博物馆前馆长尼尔·麦克格瑞格（Neil MacGregor）所说：“中国在15世纪前半期所经历的政治、社会和文化变迁，使这段历史成为非凡的故事，到现在才获得较全面的理解。新的发现和研究成果提供了新的角度去审视这段重要的历史时期，让我们不再只是从以欧洲为中心的观点来看待中国历史。（图15）”

大英博物馆

重磅藏品赏析

《女王竖琴》

Queen's Lyre

地点＼伊拉克南部乌尔的皇家公墓
时间＼约公元前 2600—前 2400 年
材料＼天青石、贝壳、红色石灰岩和黄金
尺寸＼高 112 厘米

这件女王竖琴，也称为金牛头竖琴，它是目前已发现的最古老的竖琴。女王竖琴是在乌尔国王阿巴尔吉和王后苏巴德的陵墓内被发现的，墓室中还有大量极其精致的手工雕刻及其他物品，但女王竖琴是其中最引人注目的文物。

目前所见的女王竖琴是修复后的状态。挖掘出土时，竖琴的木质部分都已腐烂。当时的发掘者英国考古学家伦纳德·伍莱（Leonard Woolley）开创性地向木头腐朽后形成的空隙中灌注石膏，从而保存了器物原来的模样和装饰，并使复原成为可能。如今，竖琴的木制部件、钉子和绳子都是经过修复的，牛头上的犄角也是修复时后补的。

从构件上来看，这架大竖琴使用了一个黄金铸成的牛头，而牛的眼睛是由青金石和贝壳镶嵌的。牛是古苏美尔人崇拜的对象，在他们的神话《吉尔伽美什史诗》中，乌鲁克的第五任君主、半人半神的英雄吉尔伽美什曾被比喻为高尚的野牛。在另一段传说中，力大无穷的吉尔伽美什还曾与天牛战斗。因此，牛的形象在苏美尔文明中也就成了英雄与权威的象征。金牛头上还有用青金石装饰的厚重的胡子，这些胡子是竖琴的把手，但它的意义目前尚不清楚。琴箱正立面用贝壳镶嵌着四幅小画，描绘了由英雄、动物和半人半兽组成的四组神话场景：自上而下，第一幅表现了古巴比伦传奇英雄吉尔伽美什与人面天牛相拥起舞的场景；第二幅描绘了雄狮接受了天狼送来的美酒佳肴，正开怀畅饮；第三幅是狗熊与驴子合奏竖琴；第四幅是山羊与人面蛇翩翩起舞。

《皇家公墓珠宝：项链、头饰和耳环》

—— *Jewellery from the Royal Cemetery*: necklaces、head-ornament、ear-ring ——

地点 \ 伊拉克南部乌尔的皇家公墓
时间 \ 约公元前 2600 年
材料 \ 黄金、青金石和玛瑙
尺寸 \ 项链（下）长 12.7 厘米、项链（底）长 15.2 厘米，头饰（右页上）长 35.56 厘米，耳环（右页下）直径 7.3 厘米

乌尔，位于今天伊拉克的穆盖伊尔（巴格达市东南约 300 千米处），是人类历史上最早出现的城市。大约在公元前 5000 年，苏美尔人开始在乌尔建造城市并定居下来。到公元前 4000 年前后，这里已形成设施完善的城市。在此后一千年的发展中，乌尔逐渐发展为强盛的城邦国家，并在公元前 2300 年左右达到全盛（苏美尔时期）。公元前 4 世纪，乌尔城因为幼发拉底河改道造成的灌溉系统破坏，开始逐渐衰落，最终由良田变为沙漠，湮没在历史中。

对乌尔城的考古发掘开始于 19 世纪中叶，由当时的英国地理学者领队。20 世纪初，英国考古学家领导的不列颠博物馆与美国宾夕法尼亚大学组成的联合考古队在发掘中获得了突破性进展，完整而系统地呈现了乌尔城遗址的地层情况，包括早期地层的欧贝德文化（Ubaidian Culture）和乌鲁克文化（Uruk Culture），以及晚期地层的苏美尔王朝及以后各时代的文化。

这里展示的乌尔皇家公墓珠宝来自乌尔城晚期的苏美尔文化。这些项链由彩色的宝石串联而成，有的间隔缀有黄金圆环，有的则缀有三角形或树叶形的黄金饰片，看上去非常华丽。此外，船形或半月形的黄金耳环也格外引人注目。在古代的乌尔，黄金因为其独特的色泽和延展性成为当时制作珠宝最受欢迎的材料，青金石的使用也很广泛，这主要是因为位于阿富汗西北部的巴达赫尚是青金石矿藏量极为丰富的重要产地，而青金石靓丽的蓝色则因其华丽而醒目的装饰效果，深受当时乌尔人的喜爱。这些工艺精湛的珠宝从另一个侧面展示了当时苏美尔文明的高度发展。

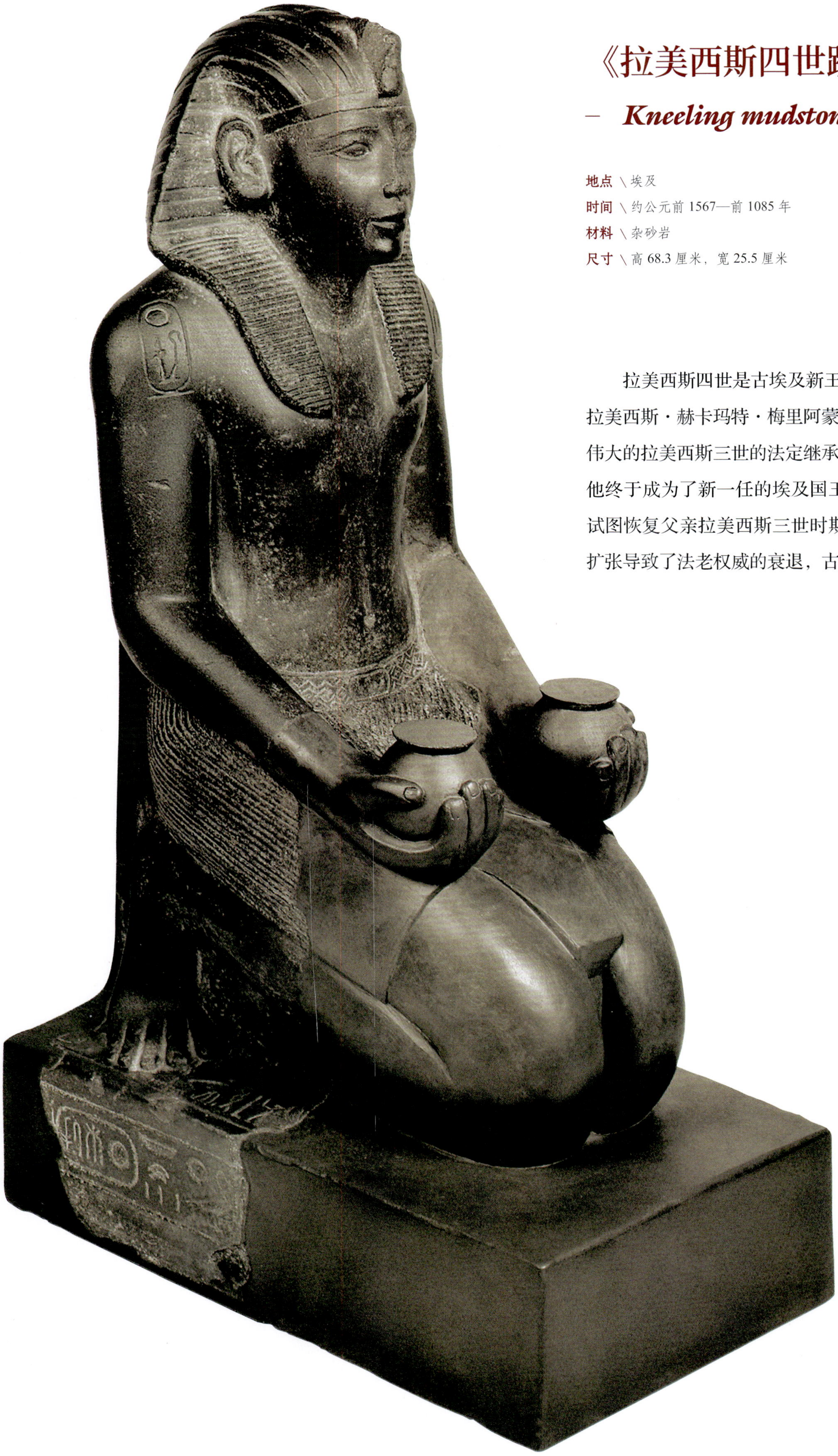

《拉美西斯四世跪像》

— *Kneeling mudstone figure of Ramses IV* —

地点 \ 埃及
时间 \ 约公元前 1567—前 1085 年
材料 \ 杂砂岩
尺寸 \ 高 68.3 厘米，宽 25.5 厘米

拉美西斯四世是古埃及新王国时期第 20 王朝的第 3 任法老，原名拉美西斯·赫卡玛特·梅里阿蒙（Ramesisu Heqamaat Meriamun），是伟大的拉美西斯三世的法定继承人。在处决了谋杀自己父亲的凶手后，他终于成为了新一任的埃及国王。拉美西斯四世在位期间大兴土木，试图恢复父亲拉美西斯三世时期的繁荣，但此时地方祭司权力的急剧扩张导致了法老权威的衰退，古老的埃及也自此逐渐没落。

这件拉美西斯四世的杂砂岩石雕像，表现了跪着的拉美西斯四世，他头戴经典的、象征法老权力的眼镜蛇头巾，赤裸上半身，穿着自旧王朝时期以来就十分流行的男士方格呢短裙，腰带装饰有特殊的花纹，这种短裙有时还会做成褶皱款或将褶皱聚拢在裙子的正前面。拉美西斯四世的左右肩上有象形文字，他右肩上的象形文字记录了他婚前的誓言，左肩的象形文字是他的名字。他的婚前誓言还有一部分刻在了短裙腰带中央的椭圆形上。跪着的拉美西斯四世两腿紧紧并拢，他的双手垂顺地放在大腿上，两只手中都托着献给神的熏香。这是一种及其虔诚的祈祷姿势，表达了法老对神庙中所供奉神灵的谦卑与恭敬。

整件雕像在发现之初损毁严重，雕像的前部，包括基座的前部、法老的膝盖和手部，每只手中的熏香都已丢失，目前所见是修复后的效果。此外，雕像的鼻子和蛇形标记已经彻底损坏遗失，底座的后部和后立柱的底部也已丢失，雕像身上已经没有任何颜色的痕迹了。这件雕像很早就已经流出了埃及，自 1754 年大英博物馆奠基后一年就成为该博物馆的藏品，并保存展示至今。

《双羊尊》

Double-ram zun

地点 \ 中国湖南长沙
时间 \ 公元前 1200—前 1050 年
材料 \ 青铜
尺寸 \ 高 45 厘米

这件双羊尊是大英博物馆藏极重要的中国青铜器之一，也是中国青铜器中的经典。它是一件罐子形状的青铜酒器，从形制来看，两侧是公羊的前躯，背部相连，前肢为器物的四足。公羊的头部有卷曲的犄角，身体上覆盖着细密的鳞片纹，腿部饰龙纹。羊颌下及腹下有垂下的钩状物，分别象征了其胡须和垂毛。尊口下饰弦纹和龙面饕餮纹（饕餮的眼睛和角清晰可见，但其他面部特征只是用一些线条描绘）。整件器物四平八稳、厚重拙朴。

在商周青铜器中，以三牲（猪、牛、羊）形象进行塑造的器物常常被称为“牲尊”。这些牲尊中，又以“羊尊”数量最多形象最为丰富。《左传》中“祭以特羊，殷以少牢”，即“四时祀以一羊，三年盛祭以羊、豕，殷，盛也”。这样的记录说明，在日常的祭祀活动中，用一头羊就可以，但如果是三年一度的盛大祭祀，就需要用羊和猪进行配合形成“少牢”来祭祀。因此，羊的造型在这种祭祀器物的铸造中频繁出现。其次，羊在中国文化中也有特殊的含义，西汉董仲舒有云：“羊，祥也，故吉礼用之。”可见，羊在中国文化中是吉祥的象征。

这件双羊尊传出自湖南长沙跳马涧，虽称为尊，但其主体为扁壶，比较独特。与之风格相近的另一件双羊尊，现藏日本根津美术馆。

《葬瓮》

Calcite canopic jars of Neskhons

地点 \ 上埃及底比斯戴尔·艾尔—巴哈里（Deir el-Bahri）皇家墓穴第一贮藏处
时间 \ 公元前 1085—前 945 年
材料 \ 方解石、木材
尺寸 \ 高 36.5 厘米，直径 17 厘米

这里的四件葬瓮是保存木乃伊的肝脏、肺、胃和肠的容器，它们顶部的四种动物分别是人、狒狒、狼和猎鹰，依次象征了荷鲁斯（Horus）的四个儿子：小神伊姆塞特（Imset）、哈彼（Hapi）、库波森努夫（Qebshenuf）和杜阿姆特夫（Duamutef）。在古埃及的传统中，狼首代表东方，对应的是胃；猎鹰头代表西方，对应的是肠；人首代表南方，对应的是肝；狒狒代表北方，对应的是肺。四位小神的出现意味着对这些脏器的保护，葬瓮上的象形铭文再次确认了神对这些脏器的庇佑。

在木乃伊的制作中，这些人体内的器官与身体的保存方式一致，心脏、肝脏、肺、胃和肠都是先在泡碱中进行脱水，再涂上油和树脂，然后裹上一层层的亚麻布。在这些被保存的脏器中，心脏是最重要的，在古代埃及人的心目中，心脏是生命个体的中心和智慧之本，所以心脏是必须留在身体内部的，而不是放在葬瓮中。

大英博物馆所藏的这套葬瓮是迄今为止保存最为完好的一套。每个葬瓮都是用方解石雕刻而成的，瓮身上还有蓝色象形文字的铭文，瓮盖由木头雕刻而成并施以彩绘。这套葬瓮是为内斯克昂斯（Neskhons）制作的，她是阿蒙神的大祭司杰姆二世（Pinedjem II）的妻子。在第21 王朝晚期，这位大祭司是上埃及的实际统治者。这对夫妻都葬于戴尔·艾尔—巴哈里皇家墓穴，这里后来变成了许多新王国时期最伟大法老们木乃伊的秘密埋葬地。

《亡灵书》第 11 页和第 88 页

Book of the Dead of Nestanebtasheru；*Sheet 11 and Sheet 88*

地点 \ 上埃及底比斯戴尔 · 艾尔—巴哈里第二贮藏处
时间 \ 公元前 1085—前 945 年
材料 \ 纸莎草
尺寸 \ 外框 51.2 厘米 × 40.5 厘米

《亡灵书》是古埃及新王国初期（约公元前 1550 年）至公元前 50 年左右流行的随葬品，书中文本是超度死者顺利去往冥界的咒语，通常写在纸莎草上。亡灵书，还被称为“白天降临之书”（Book of Coming Forth by Day）或“向光显现之书”（Book of Emerging Forth into the Light）。这部亡灵书属于新王国时期阿蒙神（Amun）的女祭司奈斯坦博塔舍鲁（Nestanebtasheru），被发现于一处皇室陵墓，壮年离世的奈斯坦博塔舍鲁的木乃伊也出自这个陵墓。

左边的第 11 页包含 18 条咒语，这些咒语是向月神托特（Thoth）请求保证死者对其敌人的永恒胜利。上部图案的右侧，公猫形象的太阳神正在太阳之城的长生树旁割下黑暗之蛇的头颅，这是胜利的象征，黑暗之蛇的左侧坐着众神。

右边以图像为主体的第 88 页则是女祭司接受众神审判的画面。女祭司位于画面的最右边，面对着一个象征结界的长长的门扇，这个门扇是通往冥王奥西里斯（Osiris）王座的唯一之路，也是地狱之门。地狱之门内的第一位神是蛇首女神海波瑟（Hepethor），她是法老的守护神荷鲁斯的追随者。她手持双刀面对着女祭司，她们似乎正在对话。画面的左后方，坐在王座上的正是奥西里斯，他的前面依次站着鹭首人身的审判者托特和半人半鹰的荷鲁斯。奥西里斯身后的女神是太阳神的女儿玛奥特（Maat），她代表了正义与道德，并主持对死者的审判。女神身下的公羊代表“命运之神”。奥西里斯的王座放在一个高台上，上面有象形文字标注的“奥西里斯的王坛”字样，一条巨大的蟒蛇将画面斜向切割开，既象征了蛇的保护和埃及人最虔诚的蛇信仰，也从构图的角度巧妙地区分了空间和等级秩序。

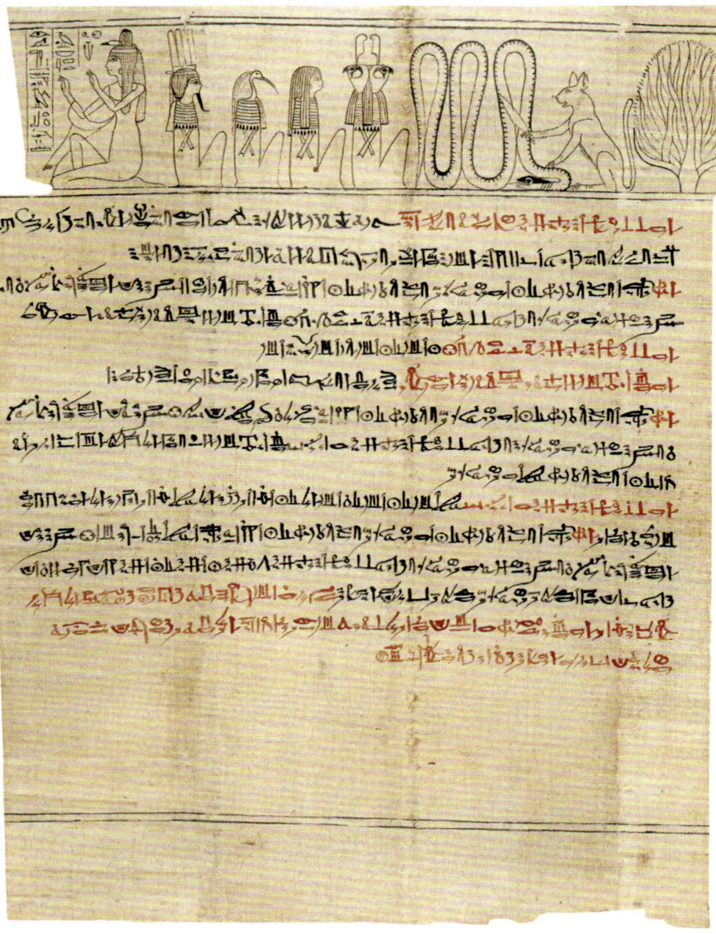

《阿淑尔纳西尔帕二世雕像》

Statue of Ashurnasirpal II

地点＼伊拉克北部尼姆罗德
（Temple of Ishtar Belit Mati）
时间＼公元前 883—前 859 年
材料＼菱镁矿石
尺寸＼高 113 厘米，宽 32.6 厘米

新亚述帝国以其军事实力和高度的中央集权而闻名，它的起源可以追溯到公元前 10 世纪。这一时期，位于现今伊拉克境内的亚述人建立了首都亚述。早期的新亚述帝国只是一个小国，但随着时间的推移，它逐渐扩张和壮大，并最终成为了古代中东地区极强大和政权延续最长久的帝国之一，并在公元前 10 世纪至公元前 7 世纪达到鼎盛。

在历史的记载中，这件雕塑所表现的阿淑尔纳西尔帕二世，是一位野心勃勃并且极其残暴的国王。根据碑文所记，“我（阿淑尔纳西尔帕二世）把他们的青年人和老人关为囚徒，并砍下一些人的手脚，割下一些人的耳朵、鼻子、嘴唇，青年人的耳朵和老年人的手堆放在他们的城市面前，我把他们的青年男女统统投入火中烧死，并焚毁他们的城市。”在他前所未有的残暴征服与镇压下，阿淑尔纳西尔帕二世不断扩大自己的疆域，征服了地中海沿岸的十几个小国，并最终建立日后蜚声世界的新都城——尼姆鲁德。

这件用菱镁矿石雕刻的阿淑尔纳西尔帕二世，被雕刻成没有佩戴王室王冠的立像，一头浓密的长发和整齐而卷曲的长胡子，衬托了他高大的身子和王者的气派。国王的礼服包括一件短袖的外衣，和一条遮住了腰部以下大部分身体的长披肩，披肩包裹着肩背并用腰带系在腰间。他右手拿着一把仪式用的镰刀，这种镰刀有时是天神用来降服恶魔的；他的左手握着狼牙棒，象征着他作为至高无上的神的副摄政王所拥有的权力。他胸前的纹样不是图案而是一些现已经无法辨认的铭文。

《墙板：濒死的狮子》

wall panel：The Dying Lion

地点＼出自伊拉克北部亚述首府尼尼微北宫
时间＼公元前 645—前 640 年
材料＼雪花石
尺寸＼高 16.5 厘米，宽 30 厘米，厚 2.5 厘米

这块亚述时期的雪花石浮雕板，来自专门展示皇家狩猎的宫殿装饰墙板。尽管动物的痛苦状态令人感到恐怖，但雕塑家捕捉到动物垂死挣扎的瞬间，完美地展现了亚述艺术家在观察动物并运用写实手法创作动物形象方面的卓越技巧，既是亚述艺术中自然主义的罕例，也是古代世界级杰出的以动物为创作主题的艺术作品之一。

在这块浅浮雕板上，狮子朝向右侧，从它的肩部穿胸而过的利箭已经让它奄奄一息。狮子无力地蹲坐在地上，鲜血从口中喷涌而出，看上去已经是生命垂危。它的头部青筋暴起，目光呆滞而无神，但却仍在努力挣扎，用前爪艰难地支撑着身体不愿倒下。有学者认为，这样的场景意味着艺术家对那些被亚述国王侵略的受害者的同情。然而，在古代世界，狮子被认为象征着对一切城市文明的敌意，因此对于当时的观看者来说，面对这样的场景他们的情绪更有可能是欣慰的而不是同情。美索不达米亚有着悠久的皇家猎狮传统，从公元前 4000 年末开始，类似的场景就屡见不鲜。王权和狮子之间的联系可能是由于公元 12 世纪和 13 世纪的十字军东征而被带到了西欧，因此在后来众多的王室纹章上都有狮子形象的装饰。

《人身羊首神像》

Ram-headed figure of Arsaphes

地点 \ 埃及
时间 \ 公元前 525—前 332 年
材料 \ 青铜
尺寸 \ 高 24 厘米，宽 6.5 厘米

在古代埃及的信仰系统中，人身羊首神像通常对应的是库努姆神（Khnum），他是埃及最古老的一位神祇，代表了富饶和创造。相传库努姆曾用尼罗河每年固定泛滥带来的淤泥和黏土，在一个手拉胚转盘上做出小孩的身体，再把它放到母亲的子宫中。在后期的神话中，他甚至被认为还捏塑了其他的神祇，因此库努姆也被称为“陶工之神”和“造物之神”。

这件实心青铜公羊头雕像，戴着法老王冠，王冠的顶部看起来像是一束捆紧的芦苇，两侧是鸵鸟羽毛，王冠的中下方是一个由金叶制成的太阳形圆盘。太阳形圆盘代表了埃及的太阳信仰，由于库努姆通常被认为是“众父之父”（father of the fathers），所以他也被视为是太阳神拉（Ra）的父亲。公羊头顶戴着厚重的假发头饰，他的左臂抬起，拿着一个象征权力的手杖（现已佚失）。神像的左腿往前迈步，呈正在行走的姿态。这是一件保存完好且相当精美的青铜塑像，雕像上采用包裹或镶嵌的方式装饰了贵重的金银，塑像的眼睛中也曾嵌有珍贵的宝石。

后埃及时期是埃及帝国被波斯入侵并逐渐分裂衰亡的阶段。但这件神像并没有显示出波斯文化的影响，而是保持了古埃及雕塑的稳定、单一、呆板的经典形式。古埃及雕塑永远展现的都是被理想化的形象，个性化的特征被压缩至最低限度，借助象征性符号的凸显来展示权力与不朽。此外，在埃及的雕塑中，人物的姿态常常是紧张而僵硬的，他们的体重均匀分布，身体姿势特征表现为窄臀、宽肩、锐胫和粗踝，据说这样的身形与姿态显示出王者之风与高贵的气质。

《黑绘酒罐》

Black-figured oinochoe: Herakles and the Erymanthian Boar

地点 \ 雅典
作者 \ 利西庇得斯画家（The Lysippides Painter）
时间 \ 公元前 520—前 500 年
材料 \ 黑绘陶器
尺寸 \ 高 27.94 厘米

作为古希腊神话中最伟大的半人半神的大力士，赫拉克勒斯曾因为仙后赫拉的诅咒而在癫狂状态下杀害了自己的孩子。为了赎罪，他完成了十二项“不可能完成”的任务，其中第 4 项任务是活捉厄里曼提亚的野猪，并把它完好地带回迈锡尼交给国王欧律斯透斯。这头野猪本是献祭给女神阿耳忒弥斯的圣物，但它体型硕大，在厄里曼提亚一带糟蹋庄稼，危害甚大。聪慧的赫拉克勒斯通过大声吼叫将野猪赶出丛林，并一直追赶它，直至把它赶到雪地里，再用活结把精疲力尽的野猪套住。最终，力大无穷的勇士遵照国王欧律斯透斯的命令，将活捉的野猪送到了迈锡尼。

这件黑绘风格晚期的陶器展示了赫拉克勒斯的胜利，他已经活捉到了厄里曼提亚的野猪，并将其放在自己的庇护女神雅典娜的面前。赫拉克勒斯拽着野猪的右后腿，但这只生猛的野兽还在试图逃跑。英雄披着他标志性的狮子皮，身上还背着一个刺绣的箭袋、箭和弓，箭袋的盖子像一对展开的翅膀。赫拉克勒斯的右边是雅典娜，女战神留着长发，戴着高冠头盔，她的左手拿着有蛇纹装饰的山羊皮神盾和长矛，右臂伸向赫拉克勒斯。

大概在公元前 7 世纪后期，雅典的瓶画家开始采用黑绘技术，到公元前 6 世纪左右，雅典的画家们的黑绘技巧已渐趋成熟。在浅色背景的衬托下，黑绘的技法能够清晰地描绘出人物的姿态，非常适合对各类活动场景进行再现，如热闹喧嚣的聚会，或运动竞技等。还可以采用类似雕刻的技巧，运用尖锐的工具在陶器的浅色表面刻绘出精美的线条，由此展现复杂的纺织品图案或者巧妙生动的细节。黑绘风格在流行了大约两个世纪后，于公元前 5 世纪左右被红绘风格取代。

《科林斯式头盔》

Corinthian Helmet

地点＼希腊奥林匹斯
时间＼公元前 500—前 450 年
材料＼青铜
尺寸＼高 25.4 厘米

科林斯式青铜头盔是古希腊重装步兵时代最常见的头盔形式，在当时的希腊世界随处可见。这种头盔的名称取自于被称为科林斯的城邦，最早出现于大约公元前 7 世纪左右，经历了两百多年的发展，到大约公元前 5 世纪时，科林斯式头盔渐渐被阿蒂卡式的、合页式头盔取代。

这是一件经典的科林斯式头盔，盔体由一块完整的青铜薄片锻造而成，整个头盔可以包住士兵头部的大部分和脖子的一部分，仅仅在面部留出一个“T”形镂空区域，露出眼睛和嘴巴，令人望而生畏。这件头盔的顶部和脸颊部有铭文，表明了它不是一件实际战斗的头盔而是一个纪念胜利的礼物或奖杯。从头盔上的铭文可知，公元前 5 世纪，在阿尔戈斯和科林斯为争夺伯罗奔尼撒东部霸权的战争中，阿尔戈人获得了最终的胜利。为了纪念这场伟大的战争，阿尔戈人打造了这顶头盔，并在奥林匹亚的圣殿将它献给了宙斯。

可以明显地看到，科林斯式头盔为了保护鼻子和耳朵而做得十分封闭。虽然在单枪匹马的作战时能够起到足够的保护作用，但在集体作战时，士兵却会因为过度保护的头盔而听不到或听不清指令，抑或者因视线的遮挡而无法与同时战斗的士兵进行交流。因此，随着时间的推移，部分科林斯式头盔的右侧护耳挡板被特意切割掉了。但新的问题也随之产生，头盔的重量左右不均导致士兵戴起来很不稳当，于是就出现了将两侧护耳都切掉的新型头盔——阿蒂卡式头盔。由此，科林斯式头盔也就渐渐退出了历史舞台。

《帕特农神庙浮雕板：泛雅典娜节的游行队伍》

The Parthenon Sculptures: Parade procession for the Panathenaia

作者 \ 雅典雕塑家菲狄亚斯（Pheidias）设计
时间 \ 公元前 438—前 432 年
材料 \ 大理石

帕特农神庙是雅典卫城的主体建筑，它是为了纪念雅典战胜波斯的侵略而建造的。整座神庙的装饰都是围绕着各种神祇以及雅典的保护神雅典娜展开的。神庙内中央曾存放着黄金象牙镶嵌的全希腊最高大的雅典娜女神像，但现已佚失。神殿长达 160 米的中楣上则通过浮雕展示了“泛雅典娜节”的游行庆祝活动。泛雅典娜节每隔四年举行一次，庆典的大游行从雅典城西边的狄甫隆城区开始，先经过陶区，再穿过市场，最后登上卫城，将雅典城少年们精心编织的一件新袍献给雅典娜。这个长达 160 米的中楣浮雕完整地表现了从游行到献袍的全过程。中楣浮雕的起点在神庙的西南角，那里表现了公民准备跨鞍上马的情形；长长的南墙和北墙上则表现公民游行的队伍；东墙转角处的游行队伍开始接近神庙入口，也意味着人们到达了神圣的终点，浮雕的情绪也由欢呼雀跃而转变为庄重肃静，迈着轻缓步伐的少年们逐渐走向卫城中心。浮雕的终点位于神庙的大门处，此处特别安排了坐在椅子上观看游行的诸位天神，意味着众神都应邀前来与雅典人同庆佳节。

这里展示的是帕特农神庙西墙中楣上的大理石浮雕（第二块），表现的是漫长游行队伍中的两名骑手，他们正努力勒住胯下似乎受惊后跃起的战马。前面的骑手转过身来回看他的同伴，同时将左手举到了头上。他的身后是一件微微扬起的斗篷，斗篷的上端紧紧系在他的脖子上，下部则向侧面翻卷。骑手的头发上有明显的洞，可能曾经是用来插金属花环的。后面的骑手腰上围着裙布，马身上有插金属缰绳的钻孔。据学者的研究，这些并不太强调个人特征，但始终考虑整体性的群雕人物，事实上都对应了当时真实存在过的人物，其中就包括在马拉松之战中牺牲的一百九十二名战士，也从侧面反映出雅典的民主政治在希波战争后的进一步发展。

《帕特农神庙浮雕板：半人马和拉庇泰人的战斗》

— The Parthenon Sculptures: the Battle of Centaurs and lapiths —

作者 \ 雅典雕塑家菲狄亚斯设计
时间 \ 公元前 447—前 432 年
材料 \ 大理石

这块帕特农神庙的浮雕板来自其南墙的装饰面，展示了半人马和拉庇泰人在佩里托斯（Pirithous）婚礼上的战斗。半人马是希腊神话中半人半马的怪物，它们酗酒、残暴且好色，一般被认为是野蛮的代表。据说在拉庇泰王佩里托斯和希波达米亚（Hippodamia）的婚礼上，半马人族被邀请参加了婚礼。结果在婚宴上，半人马们喝醉了，他们试图诱拐新娘并用树干和石头去袭击拉庇泰人，从而导致了半人马族和拉庇泰人之间的一场激战。最终拉庇泰人战胜了半人马族，也象征了知识和理性战胜了未开化的动物情欲。作品中，右边的拉庇泰人正从半人马的身后展开攻击，他的右膝抵住半人马的腰臀部，伸出的右臂抓住了半人马的脖子。半人马的上半身转向袭击者，左臂上还裹着一层兽皮。拉庇泰人足蹬战靴，肩膀上披着一领长长的披风。在他的左侧和交叉韧带的交界处，可以看到暗销孔，可能是用来固定金属武器的。遗憾的是，这件浮雕板上拉庇泰人的左臂和左脚、半人马的右臂和三条腿，以及两个人物的头部和底板边框的一部分都损毁了。

帕特农神庙上的雕塑代表了希腊古典时期艺术最精彩的部分，它们既不像古代奥林匹亚宙斯神庙的雕刻那样程式化，也不像后来佩加蒙宙斯祭坛那样精致完美。相反，这些古典时期的雕刻有着一种年轻而清新的活力，并奠定了古典雕塑理想美的典范——“高贵的单纯和静穆的伟大”。

《人形内棺》

Wooden anthropoid inner coffin of Djeho

地点 \ 上埃及艾赫米姆
时间 \ 公元前 305—前 30 年
材料 \ 木
尺寸 \ 长 176 厘米

这件木乃伊人形内棺是在亚麻布包裹的尸体上淋上树脂而制成的。木乃伊戴着一个镀金的面具，还穿戴着项圈、胸饰、围裙和袜子等各种装饰物。内棺中的成年男子叫杰夫霍，他出身于当时埃及的上层社会。编织的卷曲假须，贴金箔的面部和染成蓝色的假发再次强调了他尊贵的身份，也象征了他在来世所具有的神性。在埃及的文字记载中，诸神都有着金色的血肉和天青石色的头发。

木乃伊胸部奢华的护身符项圈下面，画着伸展翅膀作保护状的天空女神努特（Nut），她的两侧是“乌加特之眼”（wedjat）。下方的图案展现了木乃伊被放在了一个兽形的架子上，架子的下面是四个葬瓮，这四个葬瓮里分别放着死者的肝脏、肺、胃和肠。架子的两侧是哀悼中的主管生命、魔法、婚姻和生育的伊西斯女神以及亡灵的守护神奈弗提斯（Nephthys）的雕像。再下面是几列象形文字的铭文，其内容是宣告天空女神努特对死者的保护。铭文的左右两边是拿着武器的天神。木乃伊盖板的脚部是两个狼头人身的阿努比斯。

木乃伊的头骨，除了鼻腔区域有一些损伤，没有明显的骨折，这表明他的大脑是通过鼻腔的通道进行切除的。颈椎完好无损，眼眶内是人造眼球，用一种圆形的高密度石材制成，嘴巴微微张开，所有的牙齿都保存完整。木乃伊的胸部和腹部，都是空的，肋骨、脊柱和椎间盘保存完好，骨盆中是一个大的亚麻布球，骨盆和髋关节的骨骼都没有骨折或脱位。木乃伊的手臂交叉放在胸前，手掌和手指伸展着搭在肩膀上。腿部骨骼和关节也未发现断裂、位错或生长停滞线，脚部未见任何的骨折或脱位。可见，这是一件被精心制作的木乃伊。

《木乃伊画像》

Mummy portrait

地点 \ 出自中埃及法尤姆，哈瓦拉
时间 \ 公元前 27 年—公元 395 年
材料 \ 椴木蜡画
尺寸 \ 长 42.5 厘米，宽 22.2 厘米

这两件法尤姆肖像完美地保留了清晰的图案和鲜艳的色彩，是现存法尤姆肖像中的精品。法尤姆肖像是在公元 1 世纪至 4 世纪期间出现的一种为死者所画的肖像，它们通常是半身胸像，在完成后先作为葬礼上的“照片”，后与死者一同入葬，置于逝者木乃伊脸部的包裹布上。这类画像通常都出现在当时的上层社会人士的陵墓中，寄托着古埃及人对永生的向往。埃及的法尤姆地区发现了很多此类肖像，因而也被称为法尤姆肖像。

左边的法尤姆肖像描绘了一名成年男子，根据考古学者的研究他可能是一位牧师。他穿着乳白色的外衣，右肩上有一条紫粉色的带状纹饰克拉维（clavi），这种克拉维在罗马时代是身份的象征。男子披着一件带有褐色褶皱和奶油色亮点的斗篷，一头蓬松的棕色卷发上戴着纤细的头冠，头冠的中间是一颗七角的金星。男子的面容看上去粗犷而严肃，浓密的眉毛和络腮胡以及圆睁的眼睛都非常引人注目。这种浓密卷发加上满脸络腮胡的组合，是当时非常流行的男性审美，并一直持续到公元 3 世纪左右。因此，根据画面中男性的发型和胡须也可以基本判断他们生活的时代。男子浅棕色的大眼睛直勾勾地凝视着观众，给人一种强烈的逼迫感。他的皮肤红黑，似乎是被晒伤了，隐隐约约可以看到粉红色和奶油色的高光斑点。

右边的法尤姆肖像描绘了一位年轻优雅的女子，她的面色苍白，戴着成套的黄金镶祖母绿耳环和项链，穿着传统紫色的束腰外衣和斗篷。这些奢华精致的配饰都标示了她显耀的身份和地位。

《拔刺的男孩》

The Spinario

地点＼罗马的埃斯奎利诺山
时间＼公元 1 世纪（罗马时期），原件创作于希腊化时期（公元前 330—前 30 年）
材料＼大理石
尺寸＼高 69 厘米，宽 40.5 厘米

这件创作于罗马时期的《拔刺的男孩》是对希腊后期同名作品的复刻，它真实地反映了希腊后期雕塑创作的题材变化，即当时的艺术家们已经不再局限于神、半人半神的英雄或者伟大的运动员等“超人式”的对象了，而开始对现实生活中的普通人产生兴趣。

雕塑表现了一个男孩正坐在岩石上聚精会神地拔掉脚上刺的场景。他将左脚搭在右腿上，用左手翻开脚掌，右手像一把镊子似的正在拔刺儿。男孩向前探着头，长长弯曲的头发满满覆盖了他的额头和脖子，他的眼睛紧紧地盯着脚掌，从头部到颈部再到背部的肌肉紧绷而有弹性，表现出男孩儿此刻焦虑与紧张的情绪。整个雕塑的造型准确且生动，洋溢着浓厚的生活气息。男孩身下的岩石上已经钻好了两个孔，这是为安装喷泉管而提前预留的。

今天，这件雕塑的仿制品遍布欧洲各地，由此可知，“拔刺的男孩”这一主题在古代就已广受欢迎，并启发了众多的艺术家们。文艺复兴时期的大艺术家、佛罗伦萨大教堂穹顶的设计者菲利波·布鲁内莱斯基就将其复制在了大教堂东面的一扇青铜镀金门上。与此同时，还有许多的雕塑家们以这件雕塑为蓝本进行再创作，制作了许多小型的青铜像，例如现藏于大都会博物馆的由安蒂科制作的青铜版雕塑。安蒂科，这位金匠出身的雕塑家甚至还给男孩卷曲的头发镀了金，给他的眼睛镀了银，使其比原作更加珍贵……或许，不以深刻的背景、夸张的历史故事为卖点，而着力于纯粹而优美的人体张力和真挚的情感表达，才是这件作品能够跨越千年而始终惹人怜爱的原因。

《安提诺乌斯半身像》

Bust of Antinous

地点 \ 意大利罗马贾尼科洛山
时间 \ 2 世纪
材料 \ 大理石
尺寸 \ 高 60 厘米

安提诺乌斯是一位出生于公元 110 年左右的比西尼亚美男子，少年时被罗马皇帝哈德良（Hadrianus，76—138 年）看中成为他的男宠，21 岁时意外溺水身亡。作为皇帝最爱的宠臣，他在世的时候就有众多的艺术家为他塑像。据说，在著名的哈德良别墅中至少有七座雕像都是献给他的。迄今为止，皇后也仅有两座雕塑被发掘出来。安提诺乌斯离世之后更是被他那悲伤万分的爱人极力神化，当时的天象家们在悲剧发生后就观测到一颗未知的天体，并向哈德良确认说这就是安提诺乌斯的灵魂——这颗星星至今仍沿用着安提诺乌斯的名字。此外，有三十个希腊城市都以安提诺乌斯的形象铸造货币。不仅如此，在意大利、希腊、小亚细亚和近东的工匠铺中，工匠们甚至创作了数百尊青铜和大理石雕像献给安提诺乌斯。安提诺乌斯之死产生了巨大的社会影响，对他的膜拜迅速在罗马大地上扩散，由此产生了众多新的祭司、新的神龛、或新的纪念性的比赛和节日。此后，无论何处，只要是罗马人的辖区，都有这位被神化的比西尼亚人的信徒。安提诺乌斯的雕像存世量极大，今天，在世界各地的博物馆中都能见到。

这件安提诺乌斯的大理石半身肖像头戴常春藤花环，浓密的卷发栩栩如生，似乎被神化成了酒神狄奥尼索斯。安提诺乌斯的头部微微向左前方倾斜，他的脸颊光滑而美丽，嘴唇饱满而沉静，他是完美的人神合体。19 世纪时，英国诗人丁尼生（Tennyson）曾在大英博物馆的这件雕像前止步：“啊，就是那个谜一样的比西尼亚人，如果我们能知道他所知道的，我们就了解了整个古代世界”。

《阿佛洛狄忒或蹲着的维纳斯》

Aphrodite or 'Crouching Venus'

地点 \ 意大利蒂沃利的哈德良别墅
时间 \ 2 世纪
材料 \ 大理石
尺寸 \ 高 125 厘米，宽 53 厘米

这尊阿佛洛狄忒的大理石雕像，也被称为“蹲着的维纳斯”，它的创作年代可以追溯到罗马皇帝安东尼当政的时期（Mark Antony，公元前 83—前 30 年）。但大英博物馆的这件并不是一件原创的作品，而是依照公元前 200 年希腊化时期的原始版本复刻的。阿佛洛狄忒被雕刻成一尊蹲着的裸体，头发松散地盘在脑后，几绺散发垂落于左肩，右臂抱肩，左臂撑在左腿上。罗马作家老普林尼（Pliny the Elder）曾在他的《自然史》（*Natural History*）中描述过这尊原始版本的维纳斯，并称这件作品是雕塑家迪奥达瑟斯（Doidalses）为位于罗马的奥塔维亚（Protico d'Ottavia）神庙制作的。雕塑表现的维纳斯似乎正在泉水边沐浴，她的身子娇美动人，仿佛能够为人间带来爱与美的洗礼，让人心旷神怡。因此，这件希腊雕塑在创作完成后便引发了无数的赞誉和仿制，以至于今天的我们，能够在巴黎卢浮宫博物馆、罗马国家博物馆、佛罗伦萨乌菲兹美术馆、梵蒂冈博物馆等大英博物馆以外的众多博物馆中见到她的身影。

1631 年，曼图亚公爵文森佐二世（Vincenzo II Gonzaga，1594—1627 年）最先收藏了这件曾在古代世界风靡一时的复刻珍品。此后，他将这件作品卖给了英国国王查理一世（Charles I，1600—1649 年）。查理一世被公开处决后，它被再次出售，并由当时定居英国的荷兰艺术家彼得·莱利（1618—1680 年）买下。1682 年，“蹲着的维纳斯”再次回归英国皇家收藏，至今仍由英国皇室收藏信托（Royal Collection Trust）管理。自 1963 年以来，它被长期租借给大英博物馆，并成为了大英博物馆极著名的展品之一。

《六博釉陶俑》

Burial group of earthenware figures at a gaming board

地点 \ 中国
时间 \ 约 1 世纪—2 世纪
材料 \ 瓷
尺寸 \ 俑之一：高 19 厘米，宽 13.5 厘米，厚 11 厘米
俑之一：高 19 厘米，宽 15.5 厘米，厚 8 厘米

这组东汉的六博俑，质地为绿釉陶底，红坯。六博又作陆博，是古代一种掷采行棋角胜的博戏。《说文》上说：“博，局戏，六箸十二棋也”。《楚辞》王逸说：“投六箸，行六棋，故云六博”。据文献记载，六博最迟在商朝末年已经出现，春秋战国开始流行。到秦汉时期，六博不仅成为宗室贵族、达官显贵们的一种嗜好，而且很快在民间盛行起来。有关六博的博法，据宋代洪兴祖在《楚辞·招魂》补注中引《古博经》记载：两人相对，每人六子，局分十二道，两头当中名为“水”，置“鱼”两枚。博时先掷采，再移棋，攻守进退，互相胁迫，棋行到处，则入水吃鱼，每吃一鱼得二筹，以得筹多者为胜。汉代六博的形象，在汉代的铜镜、画像石以及陪葬俑中屡有发现。

这件六博俑栩栩如生，坐榻两端各跽坐一陶俑，正在投箸行棋，进行对博，形象逼真。中间置一长方形盘局，其一边置六根长箸，另一边置方形博局，博局两边各有六枚方形棋子，中间有两枚圆“鱼”。跽坐于陶榻两端的人俑，正兴致勃勃地投箸行棋。一人双手向上前举，似在拍手叫好；另一人两手摊开，或在表示辞让。

《女史箴图》（唐摹本）

Nüshi zhen tu

作者 \ 顾恺之
时间 \ 4 世纪—5 世纪
材料 \ 绢本设色
尺寸 \ 343.75 厘米 × 24.60 厘米

原本的《女史箴图》是东晋画家顾恺之的杰作，大英博物馆所藏的这件则被书画研究界多数专家认定是唐代的摹本。顾恺之（348—409 年），字长康，今江苏省无锡市人。作为东晋最杰出的画家、绘画理论家和诗人，他精于人像、佛像、禽兽、山水等绘画的创作，而且擅诗赋，博学多才，被世人称为“三绝”（画绝、才绝和痴绝）。他提出的“迁想妙得”、“以形写神”等绘画论点，为中国传统绘画的发展奠定了基础。唐代张怀瓘评论顾恺之的画为：“张僧繇得其肉，陆探微得其骨，顾恺之得其神。”

在这件唐代摹本中，画面的内容从右至左展开，画心有九段单景式构图，《女史箴》的原文被题写在每一段图像的右侧。《女史箴图》的卷首原本应该还有三段图文，以及第四段的题字，但在清乾隆时期这些部分便已经散佚。清乾隆时期，《女史箴图》为清宫收藏，存放在建福宫静怡轩中。1900 年流散宫外，1903 年入藏大英博物馆。现存《女史箴图》最负盛名的摹本有两卷，一卷就是这幅藏于伦敦大英

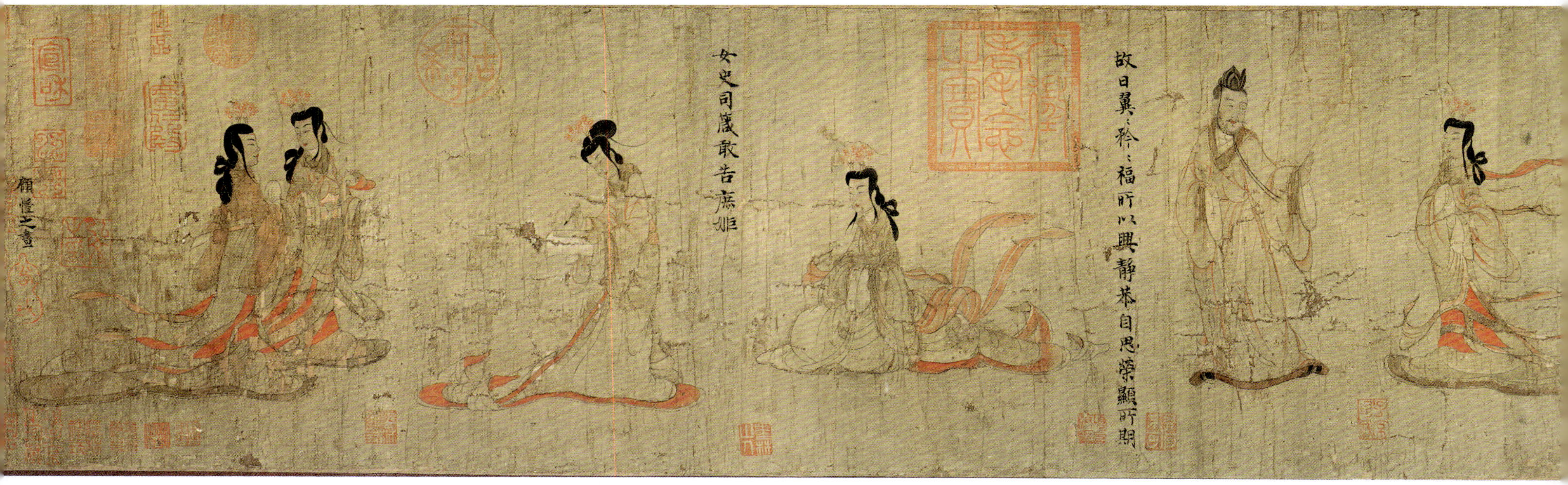

博物馆的唐代摹本，另一卷是藏于北京故宫博物院的宋代摹本。

《女史箴》是晋代文人张华采集历代贤德妇女的事迹，以女史（负责后妃礼仪教化的宫廷女官）的口气撰写的宫廷规箴，歌颂了古代妇女的“忠、孝、节、义”，在顾恺之生活的年代流行于上层社会女性之间，教育宫廷妇女要以历代贤德妇女的事迹为鉴戒，遵循道德，对主当忠、对神当敬、对夫当从，在当时被奉为“苦口陈箴，庄言警世”的名篇。《女史箴图》便是根据文中故事以图画的形式分段描绘的，每段画前题写与画面相对应的文句，每个单元单独成画，这种连环画式的手卷也是中国早期叙事性绘画采用的典型绘画形制。现大英博物馆所藏《女史箴图》的九个片段分别为：冯姬挡熊、班婕辞辇、山水寓理、修容饰性、家族欢聚、同衾以疑、爱极则迁、静恭自思、女史司箴。

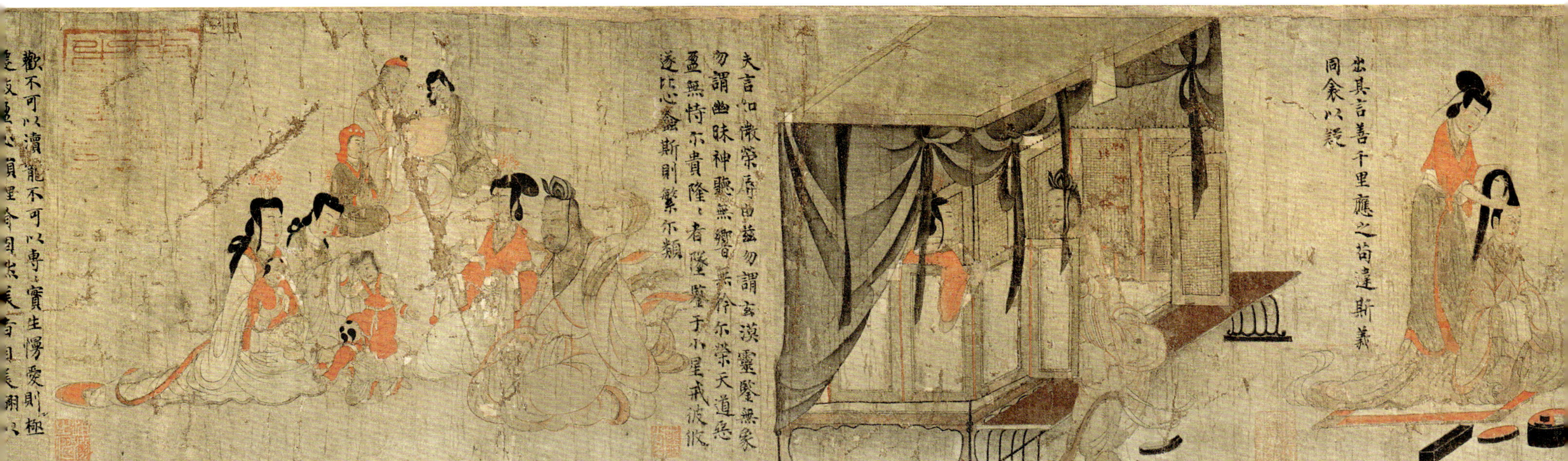

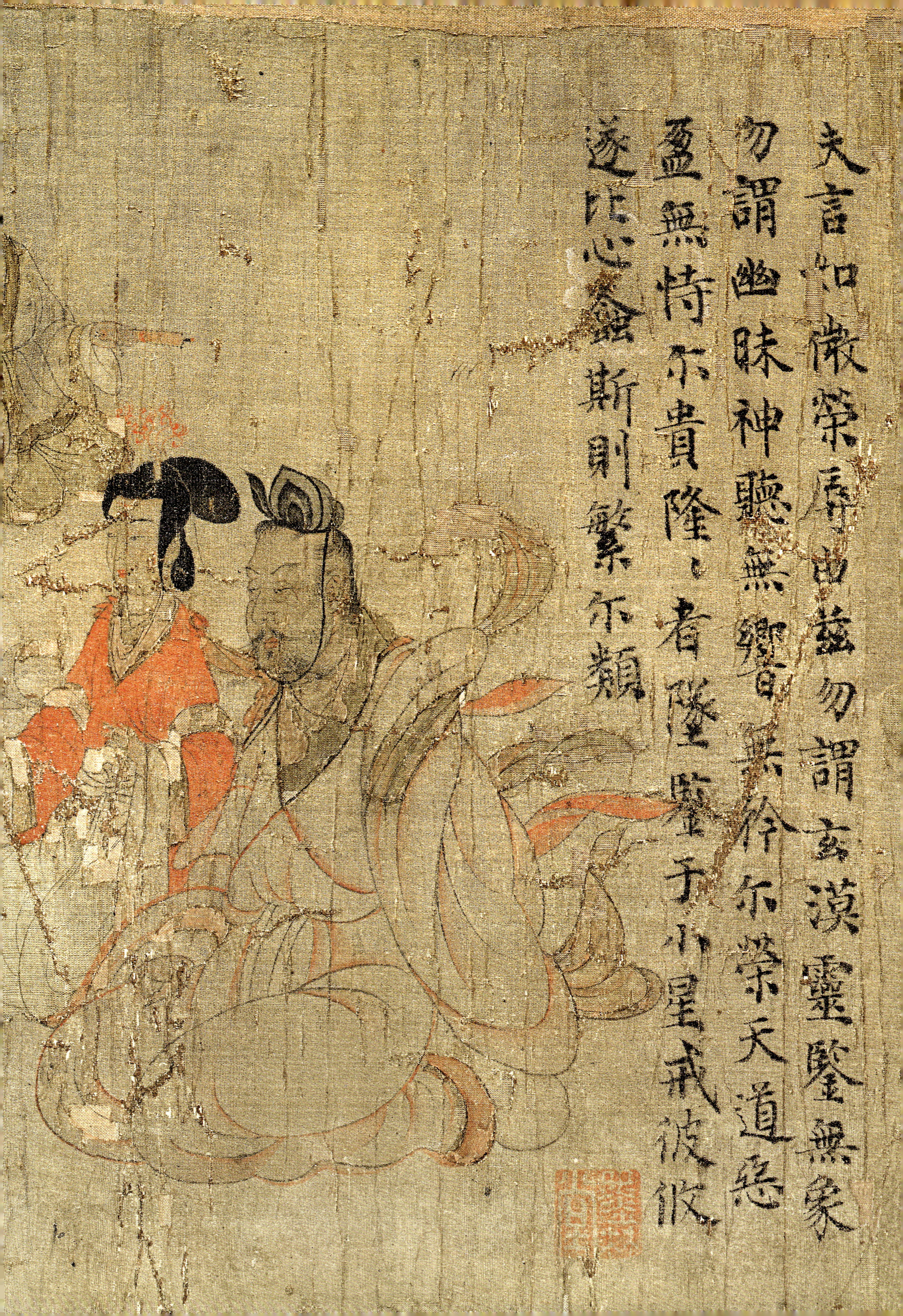
夫言如微榮辱由茲勿謂玄漠靈鑒無象
勿謂幽昧神聽無響無矜尒榮天道惡
盈無恃尒貴隆〻者墜鑒于小星戒彼攸
遂比心螽斯則繁尒類

《洛神赋图》（明摹本）

Luoshen fu tu, or Nymph of the Luo River

作者 \ 顾恺之
时间 \ 4 世纪—5 世纪
材料 \ 绢本设色
尺寸 \ 832.80 厘米 × 53.70 厘米

大英博物馆所藏的这件《洛神赋图》是一件明代摹本，与现北京故宫博物院所藏南宋摹本同出一辙，在构思、构图、造型、线条风格、设色等乃至水纹的画法上都基本一致。画面无款印，题共十段，每段节录《洛神赋》原文。在这十段文字中，大致讲述了三国文学家曹植虚构的自己与洛神的邂逅、彼此思慕爱恋和分离的故事。全赋辞采华美，描写细腻，想象丰富，情思绻缱，若有寄托。

画卷整体分为三个部分，通过曲折细致又层次分明的描绘，将曹植与洛神的爱情故事生动地呈现在观者面前。人物形象的安排疏密得宜，不同的时空和角色在画面中自然地交替、重叠，展现出一种流畅的叙事效果。

此外，《洛神赋图》被视为中国古代第一件根据文学作品创作的绘画。它以曹植的文学名篇《洛神赋》为基础，通过绘画的形式将文学作品的情节和意境转化为图绘性的视觉表达。这不仅是文学与绘画相结合的创新尝试，也赋予了文学作品以新的艺术生命，体现了中国古代文学与美术的紧密联系。

如图所示的《洛神赋图》片段展现了曹植与洛神故事的第二个阶段：离去。可以看到画中风神屏翳收敛了晚风，水神川后止息了波涛，冯夷击响了神鼓，飞腾的文鱼警卫着洛神的车乘，众神随着叮当作响的玉鸾一齐离去。六龙齐头并进，驾着云车从容前行。